首都法学教育研究（10）

尹少成　主编

对外经济贸易大学出版社
中国·北京

图书在版编目（CIP）数据

首都法学教育研究. 10 / 尹少成主编. —北京：对外经济贸易大学出版社，2021.12

ISBN 978-7-5663-2352-1

Ⅰ. ①首… Ⅱ. ①尹… Ⅲ. ①法学教育–研究 Ⅳ. ①D90

中国版本图书馆 CIP 数据核字（2021）第 273737 号

首都法学教育研究（10）

尹少成　主编

责任编辑： 刘传志

出版发行：对外经济贸易大学出版社
社　　址：北京市朝阳区惠新东街 10 号
网　　址：www.uibep.com
资源网址：www.uibepresources.com
邮政编码：100029
邮购电话：010－64492338
发行部电话：010－64492342
E-mail：uibep@126.com

成品尺寸：170mm×240mm
印　　张：10.25
字　　数：157 千字
ISBN 978-7-5663-2352-1
印　　刷：北京九州迅驰传媒文化有限公司
版　　次：2021 年 12 月北京第 1 版
印　　次：2021 年 12 月第 1 次印刷
定　　价：55.00 元

——序——

《首都法学教育研究》即将确定连续出版，编者希望我为它作一篇序。既然是为一本专事法学教育研究的辑刊作序，我愿借此机会，谈谈法学教育的目标。

法学教育的目标是什么？一个最简明的回答是：培养卓越的法律人才。最近，随着一批卓越法律人才培养基地的正式建立，卓越法律人才再次成为法学教育界的一个热词。在这样的背景下，法学教育的研究者也许应当思考一个问题，卓越法律人到底是一种什么样的人？卓越法律人到底应当具备什么样的素养？更形象地说，卓越法律人的肖像有什么样的特征？我想，也许只有把卓越法律人的肖像描述清楚之后，我们的法学教育才可能有的放矢地培养出值得期待的卓越法律人。在我看来，卓越法律人的肖像大致可以从以下四个方面来描绘。

首先，卓越法律人应当内外兼备：既掌握法律内部的知识，也掌握法律外部的知识。所谓法律内部的知识，就是由若干法学专业课程所承载的知识。所谓法律外部的知识，主要是指与法律事务相关联的其他领域的知识，譬如经济学、政治学、社会学等方面的知识。多年来，当代中国的法学院主要侧重于传授法律内部的知识，这当然是必不可少的。然而，一个卓越的法律人，仅仅具备法律内部的知识是不够的。因为，法律知识虽然是一个相对独立的知识体系，但与法律知识对应的社会现象却不是独立的、更不是孤立的，而是与其他社会现象密不可分的。譬如金融法学知识，就不是一种单纯的法律知识，金融法学知识本质上是关于金融活动规则的知识。如果不懂金融，怎么可能成为金融法领域的卓越法律人？同样的道理可以适用于任何一个具体的法律部门。正是在这个意义上，卓越法律人必须兼备法律内外部的知识。因此，当代中国的法学院要培养卓越法律人，除了为学生提供足够的法律内部的知识，还应当为学生提供足够的法律外部的知识。

当代中国的法学院只有加大法律外部知识的供给力度，才能更好地造就在法律知识上内外兼备的卓越法律人。

其次，卓越法律人应当知行合一：既具备与法律有关的知识，也具备相应的行动能力。在中华优秀传统文化中，一贯强调知行合一。有一种代表性的观点认为，仅仅是知道某个道理，但如果并不能付诸行动，并不是真正的“知”，正如宋代诗人陆游诗云：“纸上得来终觉浅，绝知此事要躬行。”按照这样的传统，一个卓越的法律人既要掌握知识，更要具备行动能力，援用马克思在《关于费尔巴哈的提纲》中就哲学家使命提出的著名论断，我们也可以说，一个卓越的法律人不仅要有“解释世界”的能力，而且还要有“改变世界”的能力。当然，卓越法律人“改变世界”的行动能力主要是与法律事务相关的能力，譬如演讲能力、沟通能力、协调能力，又如现实感、分寸感、节奏感，特别是把事情办好、办妥、办成的能力。当前，有一些法科学子，虽然初步掌握了一些概念、原理，但是，行动能力不够。不能周到地谋划，不能事先预计事态发展的各种可能性，这就叫“知而不行”。这种在知行关系上的跛足状况，不可能支撑起一个卓越的法律人。有鉴于此，法学院应当培养学生的行动能力。为了做到这一点，法学院应当开门办学，应当把更多的学习环节从课堂搬到法庭、律师事务所等实务机构，以此把法科学子培养成知行合一的卓越法律人。

再次，卓越法律人应当智勇双全：既具备法律方面的才智、才华、智慧、知识，同时也具备正义感、道德感、伦理观念、担当精神。从理论上，我们可以把法律人的“智”解释为法律人的法理修养，我们可以把法律人的“勇”解释为法律人的伦理修养。一个卓越的法官，既要表现出超越于普通人的知识、智慧、法理修养，更要具备正义感、道德感、伦理修养。这两者是不可或缺的。如果仅仅具备“智”，也许可以成就一个娴熟、练达的“绍兴师爷”，却不可能成为一个卓越的法律人。如果仅仅具备“勇”，也许可以造就一个莽撞的“张飞”，亦不可能成为一个卓越的法律人。这就是说，只有智勇双全的法律人，才可能成功地树立起一座座正义的丰碑。因此，当代中国的法学教育，既要给法科学生以知识的指引，更要给他们的心灵灌注正义感、担当精神。这就是说，要从法理修养与伦理修养两个相互依赖的方面，造就智勇双全的卓越法律人。

最后，卓越法律人应当道术并重：既具备法律方面的技术、方法，也具备更高的精神境界。中国的传统主流文化重“道”不重“术”，就现代的眼光来看，这是一种有待矫正的偏狭，但是，我们也不能从一个极端走向另一个极端：重术而轻道，或有术而无道。因此，卓越法律人应当掌握法律之术——包括法律解释、法律推理、法律论证在内的法律操作技术。卓越法律人确实应当掌握这样的法律运行技术，掌握这种技术的法律人，可以成为法律实践中的高级技术专家。但是，对于卓越法律人，我们还应当提出更高的要求，那就是术与道并重，重术而不轻道。这里的道，可以理解为中华传统文化中的天道、天理。换言之，一个真正堪称卓越的法律人，还应当表现出对于天道的追求。在这里，我想到了一些道术并重的卓越法律人的典型代表，譬如卡多佐、霍姆斯，他们既是办案能手，同时还是法哲学家。他们既精通法律操作技术，同时还对人类的精神世界有着精致入微的理解。他们道术并重，代表了卓越法律人的理想境界。

以上就是我所勾画的卓越法律人的肖像——内外兼备、知行合一、智勇双全、道术并重。培养这样的卓越法律人才，应当成为当代中国法学教育的目标；研究如何培养卓越的法律人才，应当成为法学教育研究的任务。

喻　中

首都经济贸易大学法学院院长

2012 年 2 月

—目　　录—

教学研究探索

课程教学改革

课程思政探索

研究生教育与培养

教学研究探索

经典著作研读与本科生学术能力提升

——基于“法学学术精英人才培养实验班”计划的探索

张　力

摘　要　如何通过经典著作研读来提升本科生学术能力，这是法学教育领域一个容易被忽视的问题。在以学术能力培养为核心目标的法治人才培养设计中，经典著作研读课程的设置为观察该问题提供了独特视角和系统材料。当前，相关课程存在缺乏明确的学术能力培养目标、经典著作阅读的方法论不完整、经典著作阅读的教学方式有待丰富、授课教师角色尚待进一步澄清四个方面的问题，因此有必要将本科生学术能力标准定位在问题意识培养、文献掌握训练、概念澄清与比较、对前沿问题的关注度。据此确立经典著作研读在激发本科生问题意识、建立脉络意识、明确要澄清对比的概念以及推进关注前沿问题过程中的作用。同时，授课者也要在教学准备、课堂管理中结合讲授式教学法和讨论式教学法，确保教学实效。

关键词　经典著作；本科生学术能力；学术能力标准；教学法

在各高等院校的许多专业，尤其是社会科学类专业，经典著作研读类课程是本科生课程体系的一个重要组成部分，并可能基于文本的不同出现在不同的培养阶段，它在夯实本科生专业基础和扩大理论知识面等方面无疑具有重要的作用。同时也有助于提升自主学习的能力。[①]但是，考虑到本科生刚刚踏入专业学习不

张力，男，法学博士，中国政法大学法学院副教授、副院长，主要研究宪法学与行政法学。

① 王大磊. 青少年阅读经典著作的现代意义［J］. 思想理论教育，2009（06）：4－8.

久，尤其是法学专业本身具有较强的实践导向，此类课程与学术能力提升之间的关系尚需要进一步观察和研究。中国政法大学（以下简称“法大”）自2015年启动“法学学术精英人才培养实验班”计划，从一年级本科生中选拔30余名学生，在日常的法学专业培养方案之外，重点培养其学术能力，其具体方法之一是在第2～6学期开设“精品著作品读”课程，这便为观察、研究经典著作研读课程与本科生学术能力提升二者之间的关系提供了很好的样本。

笔者在2016—2017学年第二学期为本科生开设“精品著作品读”课程，选择美国政治学家、法学家同时也是经济学家的文森特·奥斯特罗姆所著《复合共和制的政治理论》一书中译本作为讲授文本，在具体课堂教学过程中着重从课堂内外的手段配合、学术能力相关标准、课堂教学管理等方面展开研究。

一、课程设计背景与文本选择

（一）课程设计背景

在法大的本科生课程体系中，已有较为丰富的经典著作研读类课程。具体来看，大致有三种模式：一是分散设置，即围绕着校长推荐阅读书目进行设置，包括采用《规训与惩罚》《乡土中国》等著作在内的20门左右的课程，每门课程为16或32学时。随着时间的推移，此类课程的数量还将有一定的增加。二是根据专业设置，授课教师选取本专业的经典书目，开设课程给学生具体讲授，增进其对本专业学科的理解。三是根据课程主题设置，课程名称未必体现经典著作名称，而是在实际授课中选定1～2个文本，通过文本的阅读完成课程学习。

目前，这些课程在定位上主要定位于知识学习，无论是分散设置还是根据专业、课程主题设置，都具有一定通识教育的功能，并在此基础上扩大学生的知识面，因此其设计并不完全考虑学生的专业背景。在教学方式上，主要有两种方式：一是以授课教师讲授为主，选取重点章节及其中的重点问题讲授；二是以讨论方式推进，由授课教师提前分工，安排学生报告，课堂学习时由学生报告引出问题，围绕该报告及其问题展开讨论。

现有的课程设计内容较为丰富，对本科阶段的学生而言，能够起到开阔视野、拓展思维和增加知识储量的作用，但从学术能力培养的角度来说，无论是从文本选择、课程设计或课堂教学管理来看，尚存在相当程度的不足。究其原因，恐怕是因为现有的课程设计并未考虑将本科生学术能力的培养作为教学目标之一。有鉴于此，现有的此类课程设计存在如下几方面的问题。

首先，缺乏明确的学术能力培养目标。就现状来看，经典著作研读类课程有助于扩大学生的知识面，但却缺乏明确的学术能力培养导向。这一方面源于此类课程本身未必定位于学术研究能力的提升；另一方面则是因为课程体系的要求，尽管多为选修课，但却无法筛选出有志于学术研究的同学。更为重要的是，现有课程并未对本科生的学术能力水平提出衡量标准，自然也无法针对其进行相应的课程设计。

其次，经典著作阅读的方法论不完整。经典是阐释者与被阐释者文本之间互动的结果，[①]既然是互动，自然需要一定的章法。学术研究也有一定的成规和逐级进阶的方法，但现有经典著作研读类课程本身并不传授方法，而是因文本、授课教师不同而有所差异。但是，对于本科生而言，选取并判断文本的重点，掌握有效率的阅读方法，进而把握经典著作的核心，从中提炼出作者提出的乃至特定时空中的问题，这在方法论上十分重要。较为适合用作参考资料的《如何阅读一本书》（艾德勒、范多伦）、《为什么读经典》（卡尔维诺）、《阅读经典》（徐贲）等虽然提供了一些方法，但却非专门针对法学学科而论。由此导致的一个结果就是在课堂教学中，更多的是就经典文本的内容进行讲授，而比较忽视对经典著作的阅读和解析方法的传授。

再次，经典著作阅读的教学方式有待丰富。现有教学方式基本上属于课堂教学，课外小组讨论等自主学习研究手段不多见。课堂教学时间的有限性使得相当比例的学生仍然处于被动接收知识的状态，授课教师的作用，尤其是学术研究能力训练方面的作用未能充分发挥。

最后，授课教师角色尚待进一步正名。学术研究能力的养成是一个循序渐进的过程，所涉知识通常具有实践默会知识的属性。因此，从授课教师角度出发的知识、技能传授能发挥多大作用，对此又需要设计怎样的教学环节和课程梯度，这一点在现有的课程设计当中并没有得到充分的体现。

---

① 李文彬，黄卫华. 缘由、方法与回归——谈大学生经典阅读[J]. 新世纪图书馆，2012(11)：90-92.

（二）文本选择

考虑到作为本项目观察和分析对象的本科生为一年级学术精英实验班学生，在文本选择上需要考虑两点：一是法学专业一年级学生已有的知识储备，尤其是专业知识储备；二是在该阶段，应通过经典著作导读课程培养的能力范围；在不同学习阶段，本科学生需要养成的能力范围应是有所区分的，而且需要有一定的阶梯式递进分布。有鉴于此，笔者选择了奥斯特罗姆的《复合共和制的政治理论》作为经典阅读文本，一是考虑到法学专业一年级学生正在学习宪法，对该文本涉及的基本概念已有初步了解，不会让学生产生过分简单或困难的阅读感觉；二是阅读该文本时，会与另一经典文本《联邦党人文集》发生关联，由此产生双重阅读视角，即学生在阅读《复合共和制的政治理论》时，也通过该文本去阅读和了解《联邦党人文集》当中的经典命题；三是考虑到该文本问题意识清晰，结构布局合理，有助于对学生的问题意识和思考步骤进行训练。同时，有观点认为，以专题引导阅读是经典阅读的较好方法，[①]该文本也与此相适应。

在课程进度方面，《复合共和制的政治理论》合计 9 章，由于各章彼此具有一定的独立性，较为适合于分为多个部分展开，这一点通常也是某些经典著作研读课程容易忽视的地方，即如果文本内容篇幅过多，各章相互之间关联性过强，通常不适合通过课堂教学的方式进行讲授。这是由于受课时和课程安排限制，不能在每次授课时集中解决一个较为核心的问题，常会使学生在学习初期容易失去进一步研读文本的信心，影响后面的进度。如果授课教师对文本前后未达到烂熟于胸的程度，很容易失去对整个文本的把控。另一方面，如果文本各章相互之间关联性较弱，类似于教科书的结构，同样也不适合作为经典著作研读课程的文本，因为此类文本的核心问题往往并不明确，即便属于经典著作，也不适合用于课堂教学来培养学生的学术能力。

综上，就本科生学术能力培养而言，在明确当前经典著作研读类课程所存在的问题和文本选择导向后，有必要确定衡量本科生的学术能力标准。

---

① 杨晓鸿，尹雯．以经典阅读与实践活动推动通识教育教学改革［J］．云南财经大学学报（社会科学版），2010，25（05）：135－136．

二、本科生学术能力标准的衡量

所谓学术能力，一般是指进行学术研究的能力，亦即进行有系统、专门研究学问的能力。关于本科生的学术能力，存在两种相反的观点，第一种观点认为本科生在高等院校学习期间的训练以基础知识学习为主，能力上达到熟练运用专业知识解决现实问题的程度即可，与以研究为中心的学术能力培养并无关联；第二种观点认为，学术能力训练同样属于本科生培养体系的一部分，并非只有研究生阶段才有学术能力培养问题。事实上，根据《学位条例》第 4 条的规定，“高等学校本科毕业生，成绩优良，达到下述学术水平者，授予学士学位：（一）较好地掌握本门学科的基础理论、专门知识和基本技能；（二）具有从事科学研究工作或担负专门技术工作的初步能力。”可见，从法律规定的高等教育学位制度来看，对于本科生是有学术能力方面的要求，只是这种要求较之于研究生阶段的学生来说较低。

（一）学术能力标准的界定

不同研究者对于如何确定衡量学术能力的标准有着不同的答案，有的侧重从创新能力角度进行评估，将学术能力理解为学术创新能力，进而分为创新思维和创新方法。[①]有的则从研究问题出发，认为学术能力是指“澄清问题、探求答案与展开论证的能力，具体表现为概念界定、文献综述、命题提炼、理论建构、框架搭建与语言表述。”[②]还有观点将学术能力大致概括为发现问题、综述文献、厘定概念、提出命题、设计研究过程和对前沿问题的敏感度等六方面标准。对于本科生而言，学术能力最为核心的部分同样适用，差别只在于程度上，而非实质上。进言之，虽然不同研究者界定学术能力的角度各有不同，但其核心内容仍有以下共同之处。

1. 问题意识

衡量学术能力最核心的标准之一与问题意识相关，即在日常生活和理论世界中发现问题和提出问题的能力。问题意识是学术研究的前提，缺乏问题意识则几

---

① 田也壮，武姗姗，杨洋．研究生学术创新能力培养问题研究——以管理学科为例［J］．黑龙江高教研究，2016（05）：129－132．

② 李润洲．研究生学术能力的缺失与习得——以教育学硕士学位论文为例［J］．学位与研究生教育，2016（07）：30－34．

乎无法展开真正的学术研究，遑论学术能力的培养。即便对于本科生来说，在学习的初期固然离不开知识的记忆和系统的理解，但同样也需要学习寻找问题和提出问题的方法，只是该阶段的问题意识更多地表现为与知识相关的问题，考虑到本科生掌握文献的广度和深度有限，因此对该阶段问题意识的训练并不专门强调创新性要求，而是强调如何以规范的方式提出一个学术研究领域的问题。具体而言，即在一个特定的专业领域内，运用共通的专业知识，提出一个能够获得本领域内研究者认同的问题。以《复合共和制的政治理论》研读为例，在授课过程中，有不少学生会提出这样一个问题："什么是联邦制？"通常该问题在成熟的研究者眼中可能不是一个具有很强创新性的问题，但对本科生而言却是一个恰当的起步性问题，提出这样的问题，既与知识相关，又有助于其学术研究的进一步深入。

2. 文献掌握

掌握专业文献的阅读技巧和厚度是衡量学术能力的一个重要标准，学术是科学研究的技艺，科学研究又离不开对文献的积累和理解，在现代学术研究中，对专业文献的掌握度在相当程度上决定了学术能力的高低。对本科生的学术能力养成而言，文献掌握同样重要，但应区别于研究生等更高阶段的学习。在本科阶段，文献掌握主要是从两方面来进行的：一是围绕前述某一个专业问题来展开，由于本科生尚处于学术积累的起步阶段，不大可能对某个领域的专业文献拥有十分完整的了解，因此以问题为导向的文献收集和掌握是一个比较切实的目标。例如，在阅读《联邦党人文集》的过程中，恐怕难以要求学生一开始便掌握有关联邦党人的整个历史叙事和理论脉络的文献，因此，督促其就诸如"权力的纵向划分"掌握有关联邦党人、反联邦党人的论述以及现代如奥斯特罗姆等人对此的论述即可；二是练习写作文献综述，初步学习对不同观点的总结，并建立脉络意识，将不同观点放在相互关联的图景中予以叙述，而不是各自独立的支离片段。如此，既是对既有学术研究观点的总结，也是对写作能力的一种简洁但不失高效的训练。

3. 概念澄清与比较

概念既是知识学习的重要内容，也是训练研究能力的起点。在项目开展过程中，笔者选择经典著作文本的一个标准便在于是否有助于进行概念澄清和比较。尤其是对于本科生这样的初学者来说，对相关学科核心概念的掌握往往是进入学术研究之路的第一步，否则，便是无的放矢。从学术能力的训练角度出发，概念的澄清与对比有两个方面的价值：一是帮助本科生了解某一学科的理论演进和学术脉络，因为概念关联具体理论的发展，借助概念有助于尽快掌握特定学科的核心内容；二是帮助本科生迅速切入相关理论学说的体系，体系通常是由概念组成的，而理论学说在长期发展过程中，必然会积累大量相近、相似的概念，通过澄清与比较，可以提高研读者的思辨能力和对该学科领域的理解程度，提高对整个体系的了解程度，这些均可以借助概念的澄清与比较来完成。

4. 对前沿问题的关注度

学术能力的检验标准不仅面向过去，而且还需要面向未来，即对前沿问题保持一定程度的敏感，甚至能够关注到最为前沿的问题。学术研究必然与前瞻性相关，而非既有知识、观点、学说和理论的简单重复，同样以《复合共和制的政治理论》的阅读为例，对央地关系、共和制、分权等概念的理解并非经典文本阅读的终点，阅读这些内容只是为了帮助作为初学者的本科生逐步养成对前沿问题的敏感程度。唯有保持对前沿问题的敏感度，才有可能对某个领域研究发展的趋势、方向、成果随时关注，进而才能在前人成果基础上进行创新。

（二）与经典著作研读课程的关联性

学术能力的训练提升可以通过多种途径逐渐实现，对于本科生来说，借助经典著作研读课程以训练学术能力，应是最为有效、合理和科学的方式。在这里，我们可以先观察、分析两者之间的关联性，而后再从课堂教学角度予以讨论。

1. 经典著作研读可激发问题意识

在包括法学在内的社会科学领域，经典著作之所以历经岁月的磨砺而成为经典，往往就在于其本身便是围绕一个或若干个核心问题展开，而且这些问题通常是人类社会组织形式当中至关重要的问题。从这个角度出发，经典著作研读可以从两个层面激发研读者的问题意识：一是自身作为良好范例，向研读者展示什么是问题意识，如何从纷繁复杂的社会现象中提炼问题意识，以及如何围绕问题意识展开论述，尤其是帮助研读者了解到要如何展开对经典问题的论述，才可能成为一部经典的论著；二是向研读者展现经典的问题是什么，特别是在当下，这些问题与现实生活有何关联。以笔者选取的《复合共和制的政治理论》及其相关的

《联邦党人文集》为例，在课堂教学过程中，通过布置的课下作业，学生们很快便能进入文本语境之中，所总结的问题如权力划分的价值、代表制的功能等，其实就是两个文本重点处理的问题。更为重要的是，这些问题很好地引起学生们的思考，思考其在当下学术研究中有何新的发展等。

2. 经典著作研读可建立脉络意识

学术研究不同于日常阅读和体会，而是需要疏导对专业问题进行研究的脉络，需要不仅了解当下的概念、学说与理论，而且对这些概念、学说与理论的来龙去脉也应具有深入的了解和把握，建立起一个纵向、分叉并且能实现触类旁通的脉络体系。能否有脉络意识是衡量学术研究能力水平高低的标准之一，良好的学术敏锐感通常与完整的脉络意识之间具有关联性。然而，建立脉络意识是一个长期的过程，这个过程甚至要比问题意识的生成更加困难。原因在于经过对相关领域的文献搜集和问题整理后，尽管创新性或有不同，但问题意识的产生则顺理成章，因此，对于刚踏上学术能力训练征程不久的本科生来说，寻找到一个值得研究的问题常是集中精力下苦功夫的结果。与之相比，脉络意识的建立则更为复杂和耗时，它要求研究者对相关领域拥有更为深入的理解，这种理解既是横向的，即对相关学说、理论之间关联性的把握，也是纵向的，即对某一脉络下不同历史时期发展的把握。那么，经典著作研读在脉络意识的建立过程中充当何种角色呢？对本科生而言，经典著作研读属于脉络意识的源头。以笔者在经典著作研读课堂上使用的《复合共和制的政治理论》和《联邦党人文集》为例，后者实际上提供了有关优良政体理论学术研究脉络的源头之一，汉密尔顿、麦迪逊、杰伊等人的观点和论述实际上不是简单的问题意识呈现，而是政体理论研究脉络中的一个重要环节，为后世开启了政治科学的研究维度。因此，通过对此类文本的研读，实际上是为作为初学者的本科生确立一个脉络意识的源头，帮助其了解源头之处经典作者的观点、思路和问题缘由，同时也能借助像《复合共和制的政治理论》这样的文本，了解该脉络中某个中间发展环节的演进。

3. 经典著作研读须明确要澄清、对比的概念

经典著作通常会处理甚至是构建不少学术概念，其中不乏经典概念，这也是此类著作成为经典著作的原因。通过对经典著作的研读，本科生可以尽快进入到

学术研究的语境，因为学术研究是有一定门槛的，这个门槛常由一系列经典的概念构建。对于此类概念的学习，阅读教科书无疑是一种快捷的方式，但与学术能力的塑造还有一段距离。唯有在了解相关概念基本内涵的基础上，进行澄清、对比，方能有助于学术能力的提升。经典著作研读实际上便是澄清、对比概念的一个有效途径，因为其论证的展开、内容的呈现等，常离不开一系列彼此具有关联性的概念。在笔者的课堂上，学生们可以顺着经典文本提出的概念进行分析对比，完成一种学术的初步训练。《复合共和制的政治理论》恰可以通过诸多概念的分析和问题的设置，来帮助课堂学习过程中的学生澄清、对比联邦制、共和、分权、公共选择、自治等概念的内涵。

4. 经典著作研读可成为关注前沿问题的起点

阅读经典是学术创新的必经之路。[①]对经典概念和问题的阐述既是向后看，也是向前看的起点，学术研究能力的提升与对前沿问题的敏感度密切关联。在本课题开展过程中，通过每次课前的作业布置，笔者发现经典著作研读有助于培养学生对前沿问题的关注。这主要表现在三个方面：一是经典著作提供的基本概念，为学生们在当前语境下思考其内涵提供了起点，确立了较强的现实关怀；二是经典著作文本提供的核心问题，通常具有历史延续性，可以成为学生们关注前沿问题的出发点，例如，在笔者讲授《复合共和制的政治理论》过程中，学生们常会自觉不自觉地联想到此类问题在当下的意义，其实这往往便是关注前沿问题的开始；三是经典文本往往会提供关注问题的方法，《复合共和制的政治理论》所提供的公共选择理论视角便是一种很好的研究方法，而学生们通过对该文本的阅读，实际上是在学习和掌握新的研究方法，用该方法去观察、分析经典问题，使经典问题重新焕发出生机和色彩。

综上所述，通过对学术能力标准的界定，我们可以更为直观地把握本科生学术能力训练的要点，而经典著作研读则与这些要点之间具有关联性，课堂教学的成果在相当程度上验证了这一点。

---

① 康怀远. 经典阅读·问题意识·闲静思索——关于学术创新的理性思考［J］. 重庆教育学院学报，2008（01）：5－8.

三、经典著作研读类课程的教学方法及其改进

阅读经典的方法有很多，如避免断章取义等。[①]但这里主要是从教学角度来讨论。经典著作研读与本科生学术能力提升具有正相关性，但是，科学、良好的课堂教学方法和教学管理则是培养和提升学生学术能力的必要条件。

（一）两种课堂教学方法存在的问题

“工欲善其事，必先利其器。”本科生通过经典著作研读提升自身的学术能力，除了需要授课者自身具有高水平的专业能力和先进的培养理念，还需要多样化且与实际相契合的课堂教学方法。值得注意的是，教学方法的多样化并不必然导致教育质量的提升。方法定位不清、运用失当、准备不足、课堂管理不善等均容易成为当前困扰教学质量的主要问题。有鉴于此，以下将对讲授式教学法和讨论式教学法所存在的问题依次进行分析。

1. 讲授式教学法的问题

讲授式教学是最为常见的教学方式，即便是在经典著作研读类课程中也不例外。诚然，侧重知识“传授——吸收”的讲授式教学在基础知识学习等方面有其存在的必要性，但随着知识更新速度加快、知识传播技术的发展以及对独立解决问题能力要求的提高，就以提升本科生学术能力为目标的经典著作研读课程来说，讲授式教学法难免出现一些问题。

首先，讲授式教学法主要定位于知识传授，而经典著作研读课程的教学尤其是法学教育中的此类教学，通常不限于知识的简单传授。由于在此前的专业课程学习阶段，基本知识的传授已经完成，所以在经典著作研读课程的课堂上，导师在进行与其他课程主题相同或相似的课堂教学时，讲授式教学不免会陷入重复讲授、照本宣科的怪圈，未能体现此类课程课堂教学的本质特征。即便是在讲授不同课程，若定位过于单一，讲授式教学也容易陷入低水平的知识传授，难以调动教育对象的学习积极性。

其次，尽管讲授式教学法是最为传统的教学方式，也是导师课堂教学熟稔的

① 丁剑刚，王生钰．试论经典阅读的目的与方法［J］．山西大学学报（哲学社会科学版），2003（05）：115－118．

方法，但是，在定位不清的情况下，该教学法同样可能出现运用失当的情形。尤其是在参与课堂学习人数不多的情况下，显然不适合一味简单地适用讲授式教学法，而需要考虑其他教学方法的配合运用。

再次，讲授式教学法使得授课者往往忽视调动教育对象的课堂积极性，即使授课者已经做了充分的课堂教学准备，但若并未充分考虑到课堂教学不单有“教”，还有“学”，则实际上表明授课者并未做好充分的准备，没能完整考虑到参与此类课程学习的学生的特征和需求，更没能充分准备好如何面对学生在课堂上可能提出的疑问。

最后，讲授式教学法往往缺乏很强的课堂管理意识，仅局限于作为讲授者的教师的单方面准备，即便布置了阅读材料，但常常未把阅读材料置于课堂管理的中心位置，因而无法在课堂教学过程中使授课者和学生们围绕阅读材料形成有效的彼此互动。于是，讲授式教学法主导下的课堂教学就沦为“课堂上的教学”，而缺乏真正的课前准备和课后成果的总结，难以形成系统的课堂管理体系。

2. 讨论式教学法

讨论式教学法强调师生之间的互动和交流，并且此类互动和交流是课堂教学的核心，知识学习与能力培养恰是借助互动和交流完成的。因此，在讨论式教学法的课堂上，授课者不是单向的传播者，而是共同学习的一员，师生双方处于一种相互平等、相互尊重、相互学习的氛围之中，这与讲授式教学法是截然不同的。[①]不过，需要注意的是，不同教学法之间并不存在绝对的孰优孰劣，而是需要与具体课程、教师和学生基本情况置于一体，才能找到最为适合的教学法。就当前的经典著作研读类课程而论，讨论式教学法存在的问题主要有两个方面。

一个方面是授课者自身的准备不足，这将导致使用讨论式教学法的课堂教学无法达到预期的教学目标。讨论式教学法更像是一个小型的主题讨论会，参与的学生通常并不在同一水平，而且兴趣和文献材料的阅读情况也不尽相同，这便要求授课者在课堂教学前对学生各自的情况有一个较为细致的了解，同时还要对讨论的主题具有充分和最新的了解，以便对课堂讨论予以引导。对此，

① 沈文捷，朱强．Seminar 教学法：研究生教学的新模式[J]．学位与研究生教育，2002(Z2)：43－47．

笔者主要是通过提前指定阅读文本和布置与该文本相对应的书面作业来完成的，借助这一方式，可以确保学生们在正式课堂教学之前，就课堂所可能讨论的问题已具备初步认识和了解。而就目前的教学实践来看，即便使用讨论式教学法，授课者这方面的准备尚有较大的改进空间。

另一方面，由于课堂管理不善，讨论式教学法于授课者而言，难免有不完成课堂教学任务之嫌。缺乏系统的课堂管理，会使得讨论式教学徒具形式，使得整个课堂讨论更像是学生们漫无主题的低水平讨论，无法帮助学生提高发现和研究问题的能力，同时也无法通过课堂学习形成一定的成果。

（二）对课堂教学方法改进的思考

曾有观点认为，经典著作研读类课程的课堂教学需要从知识传授为主的讲授式教学向研究性教学方式转变。然而，从对前述两种教学方法的讨论中，我们发现，不能因为经典研读类课程本身的特殊性，尤其是对学术能力培养的重视，便机械地认为传统讲授式教学法不如讨论式教学法。反之，也不能僵化地认为讨论式教学必然就与经典研读类课程，特别是法学教育当中的经典研读类课程相匹配。有鉴于此，针对此类课程的课堂教学方法的改进应当遵循整体性、多样化思路，根据具体课程情况进行安排，进而充分发挥各种教学方法的长处，而非有所偏废。

就改进思路来看，整体性意味着要从课程方案设计、课程设置、课堂氛围以及课后专业文献阅读等多个方面入手，综合分析上述两种教学方法的改进方向，分析它们在定位、运用、授课者准备以及课堂管理等环节不足，以便同时予以完善。多样化则意味着在课堂教学中，既要抛弃过去单纯地依赖讲授式教学法的传统课堂教学方法，也要避免矫枉过正，避免全然摒弃某种教学方法，陷入一味强调某类特定教学方法的片面性。

就改进方法而论，无论是传统的讲授式教学法，还是讨论式教学法，都需要在具体的实践情境中，也就是特定的课程设计中借助上述对问题和不足的分析，进行具体的探讨。首先，从教学方法的运用来看，授课者要考虑到所授课程的课堂人数规模，如果人数较多，如在 15 人以上时，一般更为适合采用讲授式教学法；如果人数更多，便只适合采用讲授式教学法，这实际上需要和整个课程设计相配合，实现授课者与学生相互之间资源的有效搭配。在笔者开展项目过程中，参与

《复合共和制的政治理论》文本学习的学生超过30人，因此，在课程教学时，便不得不更多地采用讲授式教学法；反之，较小的课堂规模有利于采用讨论式教学法。不过，需要注意的是，就学生们的学术能力提升而论，不同教学方法可以在同一课程的课堂上交叉使用，在需要帮助学生澄清基本概念和掌握基础文献时，授课者可以采用讲授的方式，而进入主题讨论时，则可以穿插使用讨论式教学法，如此交叉往复，有助于更好地实现教学目标，提升参与学习者的知识水平和研究能力。

其次，就授课者的准备工作来说，讲授式教学法不但需要授课者对所授课程拥有全局性的了解，而且还要求其掌握本门课程较新的知识，而非局限于某一本或某几本教材的知识体系。此外，该教学法还需要其在此基础上能够为学生确定适合其阅读水平的经典文本材料，帮助后者深化对本门课程的理解。对此，笔者主要是通过章节分割的方式，确定适当的进度。而讨论式教学法则需要授课者在课堂教学之前对相关主题阅读文献作出系统的阅读和编排，能够根据一定的教学目标把这些材料中的相关问题摘取出来；需要授课者对不同学生的知识储备和特长有一定了解，以便在课堂教学过程中作出相应安排；需要授课者对在讨论和沟通中学生们可能提出的问题有一定的预判，能够对此类问题予以分类，确保主题讨论的集中，以有效、较好地实现课堂教学目标。

最后，就课堂管理来说，讲授式教学法不应局限于授课者对学生的单向知识讲授，而需要尽可能地明确整个课堂是通过苏格拉底式问答法进行组织和管理。对此，有观点主张可以课前布置思考题，课后分小组寻找资料，再选代表在课堂上发言。[①]可见，在课堂教学之前，授课者需要让学生们了解整个课程的授课内容、每一次课程的内容和相应的文献材料，在确保学生们做好事前阅读的基础上，组织课堂教学活动，同时也是在这样的教学过程中检验学生们是否阅读了相应的文献材料，以及其阅读的效果和质量。对此，笔者在每一次课堂教学之前都会将上周布置的经批改后的作业分发下去，作为检验学生们阅读效果的反馈。讨论式教学法的课堂管理则需要在实现学生们相互启发的导向下，充分发挥授课者的组织和引导作用，否则便会流于形式。具体来说，在课堂教学开始时，授课者需要

① 谭欢．以“人文经典阅读”为途径提升“基础”课教学实效性的思考［J］．教育现代化，2017，4（18）：200－202．

先以描述而非评价的方式，明确本次课程的讨论主题，而后由学生们对自己负责的主题进行专题陈述和分析，再由专门指定的学生对此进行评价，形成相互倾听、质疑和评价的良好氛围。在这个过程中，授课者需要倾听学生们的发言，引导讨论，确保不偏离主题，但不能离开课堂，不能简单地在最后做一个总结陈述。值得注意的是，在经典著作研读类课程的教学过程中，由于讨论式教学法本身具有一定的研究导向，因此，有必要在课程结束后及时地对成果进行总结、编排和固化，比如将学生们的讨论成果打印成文稿等。这么做一来是为了形成学生日后参考回顾的书面对象，二来也是给以后的课堂教学留作参考，避免不必要的重复工作。如此才能形成一个科学、完整的课堂管理流程，确保上述教学方法充分发挥其应有的作用。

结语

本科生学术能力的训练和提升，这是现有法学教育研究中被忽视的一个问题。笔者主要从经典著作研读课程的课堂教学入手，尝试寻找到一个有限的关注点，探寻其与本科生学术能力训练之间的关系，并借此在某种程度上矫正本科生与学术能力无关的偏颇观点。无疑，如前所述，在本科这一初学阶段，经典著作是一个绝佳的入手之处，并且与学术能力训练和提升之间具有天然的关联。然而，值得注意的是，经典著作研读并非纯粹个人阅读之事，在初学阶段，有必要通过课堂教学方式予以组织和引导，这便需要科学、有效的课堂教学方法作为辅助手段，同时也需要拥有相应经验的授课者来组织整个课堂教学，如此方能实现参与学习者学术能力提升的目标。对此，在参与“法学学术精英人才培养实验班”一年级课堂教学的过程中，笔者已经做出初步的探索，期待未来能有更进一步的观察和教学实践。

风险社会背景下灾害法治人才培养模式研究

王　浩　白一南　杨　智

摘　要　以人才培养目标、课程设置、教学措施构成的灾害法治人才培养模式是培养灾害法治人才的关键。目前我国灾害法治人才的培养模式与风险社会背景下灾害应对以及灾害法学的战略地位不匹配。考察灾害法学课程的开设背景，可以发现，现有法律人才培养模式与风险应对、国家灾害治理之间供需失衡。应当精准定位我国灾害法学课程的知识、能力、德育与素质目标，以“应用型、复合型、创新型法治人才”为目标定位，构建精准化灾害法治人才培养体系，建好我国灾害防治人才“蓄水池”，助力我国灾害防治法治化、制度化、现代化。

关键词　风险社会；灾害法治人才；培养模式

一、引言：风险社会对灾害法治人才“求贤若渴”

“风险社会”背景下，面对各类灾害，需要灾害法治人才推进防灾、减灾、救灾、恢复重建制度化。近些年来，我国所遭受的自然灾害和人为灾害数量上都相对较多。就自然灾害而言，我国是世界上自然灾害最为严重的国家之一。《国家自然灾害与分类代码》标准按照自然属性与统计数据，共确认了气象水文灾害、地质地震灾害、海洋灾害、生物灾害和生态环境灾害等 5 类 29 种灾害。据应急管理部的数据统计，2018 年我国自然灾害共造成 1.3 亿人次受灾，直接经济损失达 2 644.6 亿元；2019 年我国自然灾害造成 1.3 亿人受灾，直接经济损失达 3 270.9

王浩，男，法学博士、中国社科院法学所博士后，西南石油大学法学院讲师、院长助理，西南石油大学法治与社会治理研究院副院长，主要研究方向：行政法、能源法、灾害法。白一南，西南石油大学法学院硕士研究生。杨智，西南石油大学法学院硕士研究生。

亿元；2020年，新冠肺炎疫情、西昌森林大火、南方洪涝灾害又使人民群众生命、健康与财产遭受巨大威胁。而近年来，以2015年天津港爆炸事件、2019年响水爆炸事件和2020年浙江温岭槽罐车爆炸等事件为代表的人为灾害也日趋频繁，这都表明我们已经身处“风险社会”。为推进防灾、减灾、救灾、灾后重建，需要专业的灾害法治人才参与其中。

然而，当前我国灾害法治人才培养目标、培养主体、培养方式和课程建设面临困境，导致灾害法治人才供给存在短板。那么，如何在法治人才培养的工作部署下，创新灾害法治人才培养模式，为我国灾害防治储备法治人才？2017年5月3日，习近平总书记在中国政法大学考察时明确指出，德才兼备的高素质法治人才是当今法学教育培养的目标。2018年8月，习近平总书记在谈及“法治人才”培养时，强调在未来很长一段时间内要坚持建设德才兼备的高素质法治工作队伍。为了实现这个目标，需要加强各领域法治人才培养，以法学教育为重要基础，提升法治人才总体质量。鉴于此，本文以习近平总书记关于灾害依法防治的重要论述为理论遵循，以《实施卓越法治人才教育培养计划2.0的意见》（以下简称《意见2.0》）中提出的“应用型、复合型、创新型法治人才”的培养目标为导向，构建以培养目标、课程设置、教学框架为要素的灾害法治人才培养模式，为我国灾害防治提供人才支撑和智力支持。

二、风险社会背景下亟须健全灾害法治人才培养模式

（一）健全灾害法治人才培养模式是卓越法治人才培养的关键

灾害法治人才培养需要以培养目标、课程设置、教学框架构成的法治人才培养模式为保障。讨论灾害法治人才培养模式需要把握灾害法学定义和学科定位。就学科定义而言，灾害法学，是指系统研究国家、政府、社会组织以及公民作为主体，在面对造成严重影响的自然灾害时，应如何进行有效预防、应对和重建等问题的一门法学学科。就学科定位而言，灾害法学是一门新兴法学科，融合了多门法域规范，属于一门领域法学科，需要经济学、社会学、工程技术学、管理学等其他学科知识，属于一门交叉法学科。最重要的是，灾害法学以灾害法律关系为研究对象，主要调整内容为防灾减灾活动中各主体的权利义务关系，从研究对

象角度来看，灾害法学是一门独立的法学科。灾害法学独特的学科定义和独立的学科属性，决定了灾害法治人才培养也具有其特殊的人才培养模式。

2018 年，习近平总书记在中央全面依法治国委员会会议上提出，之所以开展法学教育，就是要培养人才、服务法治社会。明确了人才培养对于法学教育的重要意义。与此同时，《意见 2.0》提出我国卓越法治人才的培养原则是立德树人、德法兼修，在法学人才培养过程中，应该根据我国社会主义法治发展实际和行业需求完善协同育人机制、深化法学教育改革，从而推进新时代法治中国建设[①]。灾害法学教育也同样以灾害法治人才培养为首要目的，从而引导公众正视灾害的发生、培养风险意识，从公民个人做起，将灾害教育逐步落实，从而稳定国家安全与发展全局。可见，灾害法治人才培养则是在风险社会背景下回应灾害治理的人才培养模式。健全的灾害法治人才模式是灾害法学人才培养的关键，通过培养具有防灾减灾法治思维的专业灾害法治人才是卓越法治人才培养的题中应有之义。

（二）灾害法治人才培养模式在防灾减灾全流程中起到支撑作用

防灾减灾全流程都需要配备专门法律人才，以完善风险防控。灾害法治人才能在防灾、减灾、救灾、灾后重建等流程中发挥依法预防、灾害评估、处置应对、信息沟通等作用，那么，灾害法治人才模式则是在总结灾害全流程规律下形成的模式。

其一，就灾害预防而言，灾害法治人才能够推进制度化的灾害预防。预防领域人才的培养，不仅会提高灾害处置效率，还能减少人力财力消耗，甚至还能使灾害应对措施“备而不用”，达到避免灾害发生的目的。为了使灾害预防的结果充分实现，有必要建立完善的灾害预防领域人才培养机制，形成一种常态化、系统化的培养模式[②]。回顾 2008 年汶川地震，桑枣中学创造了快速撤离、无人伤亡的奇迹[③]。奇迹的发生并非偶然，而是得益于在校长叶志平的带领下，桑枣中学长期坚持的灾害预防教育。这种常态性的疏散演练开始于 2005 年，几年里始终如一的坚持才有了奇迹的发生。在疏散演练中，班级疏散路线、老师的站位甚至每个

① 教育部．教育部 中央政法委关于坚持德法兼修实施卓越法治人才教育培养计划 2.0 的意见［EB/OL］．［2020－01－11］．http://www.moe.gov.cn/srcsite/A08/moe_739/s6550/201810/t20181017_351892.html.

② 崔永东．预防灾害法制的基本理论及相关立法问题研究［J］．法治研究，2013（9）：26－34.

③ 汶川地震十周年｜一所中学的抗震奇迹［EB/OL］．［2021－01－21］．https://www.sohu.com/.

学生在疏散时椅子的摆放方式都是叶校长严格规定的。正是这种系统化、体系化的灾害预防教育让学校师生创造了一个灾难中的奇迹，在无情的灾害面前死里逃生。虽然汶川地震已经过去了十三年，但是我国当前需要进一步加强灾害预防教育，切实抓好落实工作，并予以系统化。所以，为制度化的推进灾害预防，需要灾害法治人才为灾害制度化预防提供人才支撑。

其二，就灾害应对而言，灾害法治人才的培养能够帮助政府形成正确决策，从而最大程度减少损失。政府作为决策者、指挥中枢，在自然灾害发生时所扮演的角色最为关键。政府通过及时调配资源、制定应对方案和财政拨付来保证灾区群众的生产生活尽快回归到正常节奏上来，稳定民心①。政府通过与社会组织的协同，能够高效完成灾害应对，促进灾害救援活动有序进行，为民众营造稳定的救灾氛围。2016 年，《关于推进防灾减灾救灾体制机制改革的意见》提出构建多方参与的新格局，鼓励社会成员积极参与到防灾减灾活动中。②防灾减灾工作不能仅仅依靠政府机关的力量，政府机关的人员调配无法充分满足高效防灾减灾的基本需求，此时就需要社会力量充分发挥引领和带头作用，快速参加到防灾减灾活动中③。在灾害发生时，民众往往是最为直接的承灾体，因此，增强全社会抵御自然灾害的能力首先要提升民众防灾减灾能力，培养民众灾害应对意识有利于高效配合政府的工作，从而构建一个完备的灾害应对体系。可见，灾害应对全流程需要极强的专业性，故需要专业的灾害法治人才为政府、企业、社会参与灾害处置提供智力支撑。

其三，就灾后重建而言，灾害法治人才促进灾后依法依规重建。灾后重建能够帮助灾区灾民快速恢复原有的家园，恢复原有的经济基础和物质基础，保障人们的基本生活。灾后重建人才不仅仅能够帮助物质生活的恢复，还包括精神生活的抚慰。灾害的发生往往会对已有的社会关系造成巨大影响，灾害重建人才所做

---

① 郭剑平、邵国栋．完善我国自然灾害救助体系的对策探究——兼论日本自然灾害救助体系对我国的启示［J］．科技管理研究，2009（9）：85－87．

② 《中共中央国务院关于推进防灾减灾救灾体制机制改革的意见》是为进一步做好防灾减灾救灾工作就推进防灾减灾救灾体制机制改革提出的意见。由中共中央、国务院于 2016 年 12 月 19 日下发并实施。

③ 孙磊．民众认知与响应地震灾害的区域和文化差异——以 2010 年玉树地震青海灾区和 2008 年汶川地震陕西灾区为例［J］．国际地震动态，2019（3）：41－47．

的教育互助、心理疏导等工作可以最大程度上抚慰灾区人们心灵的创伤。由于灾后重建涉及灾后重建规划、灾民安置、资金配置等问题，这些问题需要在法律框架下处置，因此，灾后重建需要专业的灾害法治人才加以推进。

综上所述，由于灾害领域具有较高的知识壁垒，现有的灾害领域法治人才难以满足灾害应对要求。因此，在风险社会背景下，需要健全灾害法治人才培养模式，通过灾害法学课程的开设，为国家灾害应对培养既懂灾害领域知识又具有灾害法律专业技能的综合性灾害法律人才。

（三）现有灾害法治人才培养机制难以满足风险社会治理需要

面对各种社会风险，给灾害治理提出了新的要求，与此同时，专业的灾害法治人才在灾害治理中受到空前重视。灾害法治人才要求其不仅应该充分掌握灾害基础理论和系统知识，还应该具备独立从事科研工作的能力。在风险社会的背景下，面对层出不穷的风险，科学理性的精神将成为人类化解危机的重要手段。正如新冠疫情的防控，每一个环节都离不开专业知识以及专业知识的承载者——广大研究型人才的支撑①。然而，目前的培养机制下，灾害法治人才普遍存在科研能力和学术水平欠佳、训练科目过于狭窄、创新批判能力不足等问题②。风险社会的突发性和不确定性，必然需要灾害法治人才的专业权威和治理想象力，而目前灾害法治人才培养模式，不足以为今后应对灾害治理提供“用得上”的后备灾害法治人才。

因此，面对发展我国风险社会治理与灾害法治人才供给不足的矛盾，需要从灾害法治人才培养的长期战略发展入手，调动各高校、科研机构科研人员的积极性，参与如新冠疫情防控等工作中来。以灾害法学课程的目标定位作为切入点，明晰课程教学的理念基础，并在此基础上，通过“三个层次协调、四项措施并举”实现灾害法治人才的培养。

---

① 林克松，曹渡帆，朱德全．风险社会下研究生人才培养的角色异化与重塑［J］．研究生教育研究，2020（4）：7－13．

② 郭月兰，江霞．研究生教育现代化的中国维度：内涵、特征与走向［J］．研究生教育研究，2019（6）：21－25，34．

三、三个层次协调：灾害法治人才的目标定位、理念基础与教学框架

确立灾害法治人才的目标、理念基础与教学框架，是在对灾害法学的课程教学背景与教学目标进行梳理、定位的基础上，明确灾害法学教育的核心价值，树立灾害法学课程的基本教学目标，设置灾害法学课程，进而实现灾害法学教育课程的知识体系编排、培养模式选择。

（一）目标层次：四项目标锚定人才培养根本点

准确定位灾害法学教育的目标，能有效促进灾害法学学科的建设。灾害法学教育的目标，归根结底是为我国灾害法治事业提供在知识、能力、品德、素质等方面都具备一定水准的人才队伍，为我国灾害法学事业长远发展护航。

第一，明确灾害法学课程教学的知识目标。知识目标包含如下几点：对灾害法学形成整体认识；明晰灾害法学的基本概念、基本理论、应用范围以及灾害预防、处置、重建等法律制度；同时了解灾害法的跨学科知识，如灾害管理、环境保护、应急管理、灾害救援等知识。第二，定位灾害法学课程教学的能力目标。一是应当了解有关灾害法学学科的知识。二是应当具备发现日常灾害应急问题的能力。三是能够了解相应法学交叉学科研究方法。第三，树立灾害法学课程德育目标。灾害法治人才的培养不能忽视“德育”的重要性，“德”和“法”作为人才培养的两个重要维度，要求我们加以同等重视，最终实现德法兼修、德法交融的德育目标[①]。深刻理解风险社会灾害应急的要求；牢固树立国家安全意识、节约意识、保护意识、责任意识、担当意识，具有家国情怀。第四，确立灾害法学课程素质目标。要求学生树立正确的风险防控和灾害应对意识，在生活和学习中不断提高实践能力和创新应用能力。

（二）理念层次：三大理念筑牢课程教学基本盘

第一，课程设置坚持综合并进。灾害法学作为交叉学科，应当注重讲授相关学科知识，摆脱单一学科教学局限性。由于不同学科研究角度不同，学科的差异

---

① 陈益飞，王慧．应用型创新人才培养课程体系的构建［J］．当代教育论坛，2008（3）：97．

性对同一问题的研究带来了全新的挑战。单一学科的教学模式很难完成灾害法学对灾害进行整体把握的教学目标，因此，在灾害法学课程设置时需要考虑设置防灾、减灾相关的专业课程。第二，课程设置坚持问题导向。灾害法学教学安排应紧扣灾害领域热点、难点问题，以此提升学生对问题的分析、把握能力，提升知识实践运用能力。具体而言，在对每部分知识点进行编排讲授时，以自然灾害领域近期发生的重大相关事件为轴心，通过热点事件、案件，串联知识讲解，促使学生主动运用所学知识对事件、案件进行分析，做到学以致用。第三，课程设置坚持成果导向。以成果导向教育（Outcome－Based Education，OBE）理念指导学生学习。面对各种社会风险，为了应对突发事件和自然灾害，专业的灾害法治人才供不应求。鉴于灾害法学的学科特殊性，将来有必要引入 OBE 这一先进的教育理念，将其融入灾害法学课程教学培养模式中，创新性设计教学过程各个环节，优化课程编排体系、合理设置培养过程、确立多维评核体系以及善用评核改进培养等措施。

（三）框架层次：三套框架提供学生成长动力源

灾害法学教学培养目的，以及交叉学科的课程特征，为培养灾害法律专业人才提供了一种范式。将来在学科范式与研究方向上，应当摆脱传统法学的桎梏，秉持综合性人才的培养方针，以灾害法学专业性为导向，以灾害法学的制度逻辑为规范，在培养目标、教学理念、问题意识方面下功夫，以重塑灾害法学教学框架。具体而言：其一，打造灾害法学系列特色教材。教材是灾害法学理论讲授的关键载体，国家减灾委员会办公室指出，要加快编制防灾减灾相关培训。教材应当以灾害法治人才专业性为导向，以法学逻辑为依规，模块化打造灾害法治人才培养核心课程教材。其二，创新灾害法学专业课程设置。灾害法学课程应当在学理上注重安全、公平与效率三者间的关系，在体例上按照“折子戏”的架构编列灾害法学基础理论、灾害预防法治体系、灾害应对法治体系、灾后重建法治体系等四大板块内容，在内容上以灾害防治重大事件为切入点，解读其中的法治因素，了解灾害防治法律制度的全貌。其三，打造跨学科师资队伍。对灾害法学核心课程进行模块划分与重组，分成灾害立法执法、涉灾民商事法律问题、涉灾刑事法律问题、灾害国际合作等模块，并配备相应师资，实现对各交叉学科教学队伍、教学力量的有机整合。

四、四项措施并举：灾害法学课程的具体教学开展

2014年10月23日，《中共中央关于全面推进依法治国若干重大问题的决定》明确提出，要健全“创新法治人才培养机制”，改变原有人才培养模式，与时俱进更新人才培养机制。目标、理念与框架三大层次协调，为灾害法学课程教学与灾害法律人才培养提供了正确的导向。在此基础上，通过采取四项创新举措，落实灾害法学教学框架，贯彻灾害法学教学理念，最终实现灾害法学教学目标，培养优秀灾害法律人才。具体而言，这四项措施需要通过“一二三四”来合力实现，即：一套知识“折子戏”、两个教学课堂、三方课程衔接、四项教学措施，将灾害法学教学的开展做好、做实、做细、做新。

（一）唱好一套知识“折子戏”

为了使学生更加深刻地掌握灾害法律制度的内在关联和制度背后的法理逻辑，选择以“折子戏”的方式编排课程知识体系，每章单独成论，即为一“出”戏，各章之间相对独立，但又在制度逻辑、法理上紧密衔接，良好过渡，最终形成一“套”剧情紧凑的“折子戏”，完成对灾害法学课程知识的系统建构。具体而言：第一章为灾害法学基础理论，结合风险预防理念等，讲授法学基本概念和灾害法学的基本范畴。第二章为灾害预防法治体系论，以“灾害预防法治体系”为基本内容，结合第一章的基本法学理论，对我国现行灾害预防法治体系进行梳理和讲述。第三章为灾害应对法治体系论，从“灾害应急”的视野出发，讲述灾害应对的各项具体法律制度。第四章为灾后重建法治体系论。以习近平总书记关于灾害依法防治的重要论述为理论遵循，讲述灾后重建对灾害防治的重要性，以及各项灾后重建法律制度。

（二）夯实两个教学课堂

一方面，就校内课堂而言，做到校内学科优势资源互补。如前所述，优秀的灾害法治人才首先应该具备扎实的理论基础，理论基础是提高防灾减灾能力的前提。没有丰富的知识储备，便无法培养防灾减灾领域的复合型人才。为此，有必要学习已有的灾害教育先进经验，以高校及其内部的研究机构为单位发挥研究优

势，各专业互动交流，师资联动，邀请高校或科研机构的灾害研究人才进行校内授课，传授理论知识的同时也对实际操作技能进行充分培训。目前，我国的灾害领域高校和科研机构发展前景广阔：应急安全领域全国综合性高校以防灾科技学院为代表；产教融合和科教融合的应急管理学院包括太原理工大学、南京信息工程大学等；高校实体灾害研究机构包括四川大学的灾后重建与管理学院等。这些独立的灾害研究院校、机构的出现，为防灾减灾专业研究人员、技术人员的培养奠定了基础。

另一方面，就校外课堂而言，应当与实务部门进行紧密联动。课堂注重应用性和实务性的需求，2011 年，《卓越法律人才教育培养计划的若干意见》指出，法学教育的课堂不应仅仅限于象牙塔之内，而应该与实务部门加强交流合作，探索协同交流的教育模式，从而培养应用型灾害法治人才，进一步推动建立常态化法律人才培养机制。对于灾害治理而言，高校应当加强与灾害管理部门之间的联系，安排学生前往应急管理部门进行学习实践，从实务工作中吸取经验，指导灾害应急理论研究。

（三）畅通三方课程衔接

第一，结合灾害治理核心课程，实现灾害法学知识的体系化。为确保灾害法律人才的专业性，需要灾害法学课程和核心主干课程，例如与民法、行政法、经济法、环境资源法学等课程紧密衔接。灾害法学应当做出妥善安排，确保学生在专业的法学知识结构上，进一步实现灾害法学知识的体系化。第二，结合灾害专业的教学规律，学习灾害相关配套课程，实现灾害知识的专业化。灾害法学涉及多个领域，因此灾害法学课程需要对相关领域的知识进行介绍和讲解，如灾害地质学、防灾减灾学等课程。第三，结合其他公共课程，实现思想政治素质与外语能力等方面的培养与提升。学习灾害法学课程，需要有坚定的政治立场和良好的思想素养。同时，扩大灾害应对合作也是灾害应急的一项重点工作，因此在学习过程中会阅读一些国外资料，这对于外语能力的提高也应有一定要求。

（四）创新四种教学手段

翻转课堂的初始含义是，“课堂的知识，家里的学习；课后的作业，课堂完成”[①]。翻转课堂新模式的应用和网络资源的充分调动，旨在实现以下四项具体目标。

第一，鼓励学生以问题探索的方式学习。这意味着，教学不再像过去那样，搞填鸭式教学，学生通过感知的方式获取知识，更不是简单地将知识从老师传递至学生，而是创设一个能够产生问题的情境，由学生自己发现灾害预防、处置、重建等问题并寻求解决。对教师而言，不仅要在课前精心选择与灾害预防、应对、重建相关的教学素材，更要组织学生进行充分的开题论证，帮助学生对灾害治理本身形成准确的理解，凝缩问题、梳理问题，再去寻求问题的可能解决。

第二，鼓励学生基于解决问题进行学习，即教师提供一项需要完成的任务，要求学生收集灾害治理的相关信息、案例、数据，再与小组成员进行讨论，寻求可能的解决方案。在课堂上，各小组需要展示学习过程中的灾害治理方案与发现，并在接受教师与同学的回馈后作出修正。此种教学策略鼓励学生运用已有法学知识进行积极探索，在试图解决灾害应对、处置法律问题的过程中习得新的知识，不但可以扩展学生的知识面，而且能够促进学生的高阶认知。对教师而言，重要的也许不是学生是否发现了正确解决问题的方案，而是培养学生在面对突发的灾害问题时的法学思维与方法。

第三，鼓励学生基于项目进行知识运用。这是一种旨在完成特定项目的学习活动，它可以由个人独立推进，也可以以小组协作的方式展开。前者意味着承担灾害处置项目的学生单独面对项目研究中一系列的挑战，例如清楚地界定灾害应对的问题、积极思考解决问题的方案、寻求获取新知识的途径、决定评判灾害处置项目成果的具体方式等。

第四，鼓励学生以良性竞争的方式促进学习。对教师而言，经济学上的“鲶鱼效应”的最大启示在于如何在课程管理中运用激励性的手段以促进竞争。课堂翻转后，如果仅仅是特定个人或者某一小组单方面的讲解，而缺乏对比及相应的激励措施，翻转的效果将大打折扣。为了提高学生学习的积极性，有必要探索课堂教学中竞争机制，激励学生学习的积极性。以往的教学策略不乏竞争性做法，从师生熟悉的学期考试、测验，到实践教学中广泛运用的小组辩论等是竞争性机

① BERGMANN J, SAMS A. Flipping for mastery[J]. Educational Leadership, 2013(4): 24.

制的体现，智慧教室出现后，借助于手机 APP 进行的知识竞赛、题目抢答也属于此类。我们在翻转课堂实践中，将竞争内嵌于翻转课堂的理念与步骤之内：竞争需要的灾害法律知识由学生课前自主学习、竞争秩序交给学生维系、竞争结果允许学生适当参与。但是，教师在竞争中的作用仍然是突出的，例如竞争只是有效学习的手段，为了避免出现“目标替换”现象，即为了竞争而竞争，需要教师精心选择适合引入竞争的教学内容并拟定具体的竞争方案。

双一流财经类高校法学学科建设研究

张　娜

摘　要　2019 年教育部公布了双一流高校建设名单，财经类高校中有 4 所高校入选双一流高校建设名单，但只有一所大学把法学作为一流学科，其余财经类高校的一流学科都是应用经济学。通过研究发现，各个财经类高校的法学院法学学科存在差异，主要集中于办学理念、人才培养、学科建设、科学研究、国际交流和荣誉及特色上。双一流建设中发展财经类高校法学学科建设存在必要性，财经类高校发展一流法学学科应具有世界眼光，同时注重学术传承和发展特色化，人才培养不仅突出专业能力而且提高人文素养，提升学生运用法律的实践能力。

关键词　双一流；财经类高校；法学学科；建设

一、双一流财经类高校法学学科的发展状况

随着 20 世纪我国改革开放政策的实施，财经类高校法学教育也随着由传统的计划经济向现代市场经济转变而产生根本性的变化，在建立社会主义市场经济体制过程中法学教育也随之逐步形成和发展。在我国加入世界贸易组织后，因经济全球化，需要大批具有深厚法律意识、精通法律、熟悉市场经济法律专业知识的复合型人才。在此背景下，财经类高校的法学学科多形成了从单一的经济法系发展到学科设置全面的法学学科；从倚重教学，到教研结合，再到支持发展优势学科；注重复合型人才的培养；注重国际化发展的特色。就高

本文系首都经济贸易大学校级教改项目的阶段性成果。

张娜，女，法学博士，首都经济贸易大学法学院讲师。

等教育发展而言，国家明确指出“要推动教育的内涵式发展”，改变传统上扩大规模的外延式发展，“把推动发展的立足点转到提高质量和效益上来”。《国家中长期教育改革和发展规划纲要（2010～2020）》提出：“鼓励学校优势学科面向世界，支持参与和设立国际学术合作组织、国际科学计划，支持与境外高水平教育、科研机构建立联合研发基地。加快创建世界一流大学和高水平大学的步伐，培养一批拔尖创新人才，形成一批世界一流学科，产生一批国际领先的原创性成果，为提升我国综合国力贡献力量。”教育部的纲要已将国际化发展、拔尖创新人才、原创性成果和提升综合国力作为一流大学的特点。在此背景下，财经类高校作为国内高等教育的重要组成部分，有着共同的任务，争取跻身于世界一流大学和一流学科。2019 年教育部公布了双一流高校建设名单，包括 137 所高校，法学为一流学科的共有六所高校，其中中国政法大学和中南财经政法大学的法学学科为自主确定的一流学科。①

2019 年国家双一流学科名单中入选法学学科汇总②

排名	学校名称	学科
1	北京大学	法学
2	中国人民大学	法学
3	清华大学	法学
29	中国政法大学	法学（自定）
91	武汉大学	法学
97	中南财经政法大学	法学（自定）

财经类高校中，虽然有 4 所高校入选双一流高校建设名单，但只有中南财经政法大学把法学作为一流学科，其余财经类高校的一流学科，或根据双一流建设专家委员会确定的标准认定，或根据双一流建设专家委员会建议由高校自主确定的学科，都是应用经济学。

① 不加（自定）表示的学科，是根据“双一流”建设专家委员会确定的标准而认定的学科，加（自定）表示的学科，是根据“双一流”建设专家委员建议由高校自主确定的学科。

② 大学生必备网．国家双一流学科名单正式公布（137 所大学）［EB/OL］．［2019－12－30］．https://www.dxsbb.com/news/ 43262.html．

2019 年国家双一流学科名单中财经类高校入选学科[①]

排名	学校名称	学科
19	中央财经大学	应用经济学
20	对外经济贸易大学	应用经济学（自定）
97	中南财经政法大学	法学（自定）
117	西南财经大学	应用经济学（自定）

为什么 4 所财经类高校中 3 所的法学学科没有入选一流学科？这需要在财经类高校中就法学学科发展做个比较。通过研究发现，各个财经类高校的法学院法学学科存在差异，主要集中于办学理念、人才培养、科学研究、国际交流和荣誉及特色上，详见下表。

财经类高校法学学科建设综合对比[②]

校名	人才培养	学科建设	科学研究	国际交流	荣誉及特色
中南财经政法大学办特色，创一流。	突出“融通性、创新型和开放式”人才培养特色。	国家重点学科 4 个，国家重点（培育）学科 1 个，省重点学科 10 个；国家专业综合改革试点项目 6 个，省专业综合改革项目 6 项，普通高校战略性新兴（支柱）产业人才培养计划专业 13 个。	国家社会科学基金立项数稳定在全国高校前列、财经政法类高校第一的位次。近 10 年，承担完成国家、省部级重点科研项目共计 1 300 余项，产出科研成果 14 000 余项。	学校与国外高校和科研机构建立了广泛的合作关系。获得国家来华留学质量认证，国家级来华留学英语授课品牌课程 2 门，与美国石溪大学合作建设孔子学院，来华博士留学生学术论坛项目获批国家留学基金委“感知中国”品牌活动。	中宣部文化名家、人才工程入选者 5 人，“国家百千万人才工程”入选者 9 人，教育部教学指导委员会委员 8 人，全国模范教师、优秀教师、优秀教育工作者、高校名师等 10 人，享受国务院政府特殊津贴专家 82 人，“省级高层次人才工程”入选者 31 人，湖北省有突出贡献中青年专家、省政府专项津贴专家 56 人。

① 大学生必备网．国家双一流学科名单正式公布（137 所大学）[EB/OL]．[2019－12－30]．https://www.dxsbb.com/news/ 43262.html．

② 笔者根据各法学院网站公布信息整理所得。

续表

校名	人才培养	学科建设	科学研究	国际交流	荣誉及特色
中央财经大学：求真求是追求卓越	培养适合社会需要的复合型、应用性、国际化高素质人才。	经济法为国家211工程重点建设学科，《证券法》为国内首门省部级精品课程。金融服务法学教研室是全国首创。	共出版专著100多部，发表论文600多篇。已出版学术专著近20部。主持科研项目100余项，其中国家级、省部级纵向课题、国际性课题约50项。	学院高度重视国际交流与合作，注重提升学院办学的国际化水平，积极向国际化方向迈进。我院每年派遣3－5名教师赴国外进修（访问学者）学院举办了30多场国际国内学术研讨会，近300场学术讲座。	拥有一批国内一流的学术带头人和青年学术骨干。多名教师入选教育部“新世纪优秀人才支持计划”或获得省部级多项荣誉称号，10余名学者入选首都法学、法律高级人才库，1人被授予“首都十大杰出中青年法学家”。数十项成果获得国家级、省部级奖励。
西南财经大学：入主流、办特色	培养复合型、应用型卓越法律人才	教学成果连续两届获国家级教学成果奖二等奖。法学学科连续多年稳居全国财经院校前列。教育部第三轮学科评估中，法学学科列第21位，第四轮学科评估结果中为B类。	国社科基金重大招标项目、中宣部“马工程”重大项目、国社科项目及省部级科研课题200余项。发表论文千余篇，出版著作150余部。100余项成果分别获得省部级以上奖励。	境外的法律院校和研究机构的学术交流与合作。在国外期刊发表文章。在国外知名出版社出版专著。	拥有各种高层次人才、全国“三八红旗手”。拥有全国首家以信息工程学和统计学进行法治理论与应用研究的“法治量化与信息工程”省高校重点实验室，国内金融法方面唯一省部级哲学社会科学重点研究基地“中国金融法研究中心”，省高校人文社会科学重点研究基地，省高校科研创新团队。
对外经济贸易大学：追求卓越、创造精品	培养具有国际视野的高层次法律人才	国际法学科入选贸大“开放经济学科群”双一流建设专业名单。教育部第四轮学科评估中位列前十法学院。全国首届专业学位评估中法律硕士位列全国前十。	法学院教师科研成果丰硕，成功获得国家社科基金项目30余项，省部级课题近80项。	教师的国际学术交流和学生的海外学习。法学院近年来还资助多名学生赴世界贸易组织农业等单位实习。法学院重视留学生教育，培养了一批来华留学生，并设立了来华留学生全英文硕士和博士项目。	法学院为社会培养了大批高素质的涉外经贸法律人才。法学院重视培养并资助学生参加各类国际性模拟比赛，而且频获国际大奖。

根据笔者整理各高校法学院网站公布的信息，我们可以发现，中南财经政法大学的法学学科在办学理念、人才培养、学科建设。科学研究和国际交流中都特点鲜明，拥有国家重点学科，享受国务院政府特殊津贴的专家。其余三所财经类高校的法学学科虽各有特色，但比起传统优势学科经济学，还有待增强。教育部于2019年启动了一流本科专业建设“双万计划”，即2019－2021年全国将建设一万个左右国家级一流本科专业点和一万个左右省级一流本科专业点。以首都经济贸易大学为例，经济学、金融学、国际经济与贸易、统计学、工商管理、会计学、资产评估、劳动与社会保障等8个专业入选2019年度国家级一流本科专业建设点名单，法学、传播学、信息管理与信息系统等3个专业入选2019年北京市一流本科专业建设点名单。[①]可见，对于财经类高校来说，传统的经济、管理还是优势学科，法学学科作为健全学科体系的一环，应着眼现状，构建特色，努力发展。

二、双一流建设中发展财经类高校一流法学学科的必要性

“双一流”建设担负着为国家输送更多高素质人才和创造高质量研究成果的重任。法学是大学最传统的学科之一。1088年意大利建立了博洛尼亚大学，它是欧洲最著名的罗马法研究中心。法学学科肩负着立足中国实际解决中国现实问题，为全面依法治国、建设中国特色社会主义法治强国提供人才支撑的历史使命。在财经类高校法学院快速发展的过程中，财经类高校法学学科的建设值得思考。

（一）“双一流”建设背景下发展法学学科的重要意义

1. 有利于参与全球治理体系完善

当今时代，中国的发展离不开世界，世界的发展也离不开中国。面对国际格局的深刻变化，中国积极参与全球治理体系改革和建设，推动构建人类命运共同体，不断为人类文明进步贡献力量。比如20世纪50年代中国倡导的和平共处五项原则，为推动建设公正合理的国际秩序发挥了重要作用。又比如《巴黎协定》、“一带一路”倡议等，中国参与了全球和区域治理新规则。这些都需要法律功底深厚、通晓国际规则、精通国际谈判的专业人才。法学学科发展有利于培养能够直

① 首都经济贸易大学.《2019年北京市一流本科专业建设点名单》[EB/OL].[2020－01－03]. https://news.cueb.edu.cn// xxyw/gj_xxyw/128021.htm.

接参与国际组织和国际机制运行的复合型人才，增强我国在国际重要组织中的代表性和话语权。

2. 有利于科学界定财经类高校法学专业发展思路

一流法学学科建设有利于学校培育学生的战略眼光，谋求学科的发展。财经类高校若想跻身世界一流学校，必须有一流学科支持。若一流学科仅为经济类优势学科，会导致同质发展。我国的快速发展也需要跨学科的人才，应积极借鉴国内外法学教育教学改革与法学类本科专业建设的先进经验。并结合学科专业发展最新趋势，国内外法学学科建设与发展情况，综合分析研判，厘清专业建设思路，明确专业建设目标，明晰专业建设方向和特色。

3. 有利于引领财经类高校法学人才的培养模式建设

要建立和完善德育为先、德法兼修的卓越法治人才培养模式，造就一批又一批高素质法治人才。对于法学人才的培养，正确的培养模式与培养创新方法将起到重要作用。成功的法学教育在于培养学生养成法律思维。与法律思维相关的问题主要包括两个方面，一是事实认定，二是规则适用。这两方面都需要以严密的逻辑推理为基础进行判断。逻辑思维是法律思维的基础，而批判性思维是一种独特的思维方式，要求学生具有质疑精神。鼓励学生从问题出发、积极探索，是思辨人才养成的动力。

（二）“双一流”建设背景下法学发展的定位

1. 服务国家社会经济发展

高校科学研究应当理论与应用并重。一方面基础研究很重要，会影响人类对基本自然规律和社会现象的认识，对社会整体知识结构产生影响。学科理论体系发展和完善，是完善学科知识体系、完善教材、系统传授学科知识的前提要求，也为服务国家的科学决策提供基础理论的支撑。另一方面，应用研究可以直接地服务国家与社会的发展，解决国家与社会的问题。应用研究对政府决策有积极影响，可以为各级地方政府提供咨询报告、政策建议，为中央和省部级领导决策提供智力支持。因此，要加强高等学校智库建设，推进高等学校开展前瞻性、政策性研究。高质量的科研要求长时间的独立思考，而且需要实务的经验和数据积累。这是法学学科最根本的定位。

2. 契合学校发展需要

法学学科发展除了宏观上必须以国家社会需求为导向，满足国家、区域、领域的需求。还需要在中观上处理好与其他学科的关系以及法学学科内部各层次的关系；在微观层面处理好学科主体所在高校及高校内其他学科间的关系。各个法学院系的办学条件和办学资源千差万别，在建设一流法学专业的过程中，要明确办学定位，要符合学校办学定位和发展方向，有明确的服务方向，才能够适应国家社会发展的需要。一些高校，更重视见效快、项目多的学科，法学学科被边缘化。法学学科一方面要积极寻求学校的支持，另一方面要充分理解和配合学校的发展需求，强化学科解决现实问题的能力，寻求社会资源支持；同时努力创新研究方式和发展方式，推进与学校优势学科交叉融通发展，通过加强学科内部的资源整合，进一步提升学科绩效，实现学科发展与学校发展的有机统一。

三、双一流财经类高校法学学科发展建议

2018 年 QS 世界大学法学专业排名，是从学术声誉、雇主评价、论文引用率，H 指数四项标准对全球高校进行考察。我国和西方法律体系不同，法学实现的价值也有差异，我国一流法学学科的特征应具备：一是生源质量优秀，学生有很好的学术表现和学术潜力；二是具有先进的教育理念。比如哈佛大学的案例教学法、牛津大学的导师制、哥伦比亚大学的讨论班、耶鲁大学的小班制，都是精英的培养方式。三是在科学研究和理论创新方面有重大的贡献。在全球有影响力的学者，他们的思想理论和标志性概念得到广泛传播，长期主导法学话语体系。四是重视新兴学科和交叉学科建设，引领法学学科体系创新发展。除此之外，财经类高校发展一流学科应注重以下四点。

（一）法学学科发展应有世界眼光

让世界了解中国，让中国走向世界。让世界了解中国得先让世界听懂中国。大学的国际影响力评估，国际教师占比和国际学生占比是考量标准。同时在人才培养、师资队伍、科学研究、国际交流、培养方案、教学秩序等方面要对标世界一流法学院系。世界一流法学学科以问题为导向，以多元化方式实现学科资源的

有机整合，更新问题解决思路，以法学理论成果推动人类社会的和谐发展。①以法学学科前沿问题以及影响国家、人类社会可持续发展的重大法律问题为切入点，以贴合人类生存与发展为理论研究出发点，鼓励跨学科和跨领域研究，这就需要法学学科与其他学科进一步融合渗透。这种由单一学科走向综合学科的战略，可推动新的学科生长点的增加，使法学研究范畴在横向和纵向均有突破，使法学学科建设更加综合化。

（二）注重传承，强化特色

我国有历史悠久的法律文化传统需要传承发扬。中华法系提出的“明德慎罚”“德法并治”“定分止争”的思想，奠定了中国社会发展的基础，也为世界法治文明以及人类社会文明贡献了力量。美国最高法院法庭屋顶雕刻了9位哲学先贤，其中就有我国的孔子。学术创新不是凭空产生的，而是传承、依托前人的研究成果的基础上发展起来的。法学学科建设是一个逐步推进的过程，从20世纪80年代初建硕士点，到中期建博士点，再到90年代一级学科重点学科建设，再到现在的“双一流”，我们从高等教育大国向高等教育强国迈进。法学学科有自己独特的教育理念和存在价值，能够参与法学理论创新，在法学话语体系中有一定的学科话语权，能够参与所属学科方向的学科创新，有一定的国际化水平；为所在区域及所属行业领域输送优秀人才，在相关区域和领域有一定口碑。应该结合自身实际情况，发挥优势、突出特色，将目标定在建设一流的行业特色法学学科，以某一行业为依托，以不可替代性、不可模仿性为目标实现学科特色。有特色就有质量，特色本身就是质量的一个具体体现，所以财经类院校法学院选择特色性的发展模式，将建设目标确立为特色鲜明的行业一流学科。

（三）提高人文素养

首先，注重人才培养，哈佛大学前校长劳伦斯认为“对一所大学来说，再没有比培养人才更重要的使命。假如大学都不能承载这一使命，我看不出社会上还有哪家机构堪当此任。”②人才培养是一个系统化工程，大学是一个人成才路上停留的一站。一流学术人才绝不仅仅是专业能力突出，而且还要具备较高的人文素

---

① 郭玉军，李伟．中国创建一流法学学科的实践与愿景［J］．法学教育研究，2017（04）：116-135，348.

② 季加孚．注重立德树人 培育医学人才［J］．群言，2018（2）：5.

养。比如某科技大学副教授在临床医学领域的专业能力可谓国际一流，可其对人类基因编辑的行为违反我国法律规定，最终被刑事处罚。其次，培养出具有国际学术水准的人才。梅贻琦先生曾说："所谓大学者，非谓有大楼之谓也，有大师之谓也。"一流大学需要一流人才。大学不仅需要有为国际学术界所认可的世界一流的学者，而且需要有能够培养出世界一流学者的能力。最后，培养个人担当能力与社会责任感并重。世界知名高校比如哈佛大学和耶鲁大学，在选择人才时不仅关注学生的个人能力及水平，更关注学生对社会的关注，对个人社会责任感和价值使命的热情。法学一流院校在培养学生的社会责任感时都注重与自身专业的结合度，在专业技能中体现对社会问题的关注、彰显对社会价值的追求。

（四）注重实践教学

康德认为，法学专业教育的知识形态是政策性、经验性知识，或者说是与实践相关的知识。[①]法学实践教育的目标在于提升学生应用法律的实践能力，帮助学生摆脱理论知识的束缚，为学生提供接触真实工作和生活的机会。法学专业的教师对实践教学缺乏工作经验，高校一方面可以鼓励教师在校外进行实际工作的训练和学习，另一方面可以聘请一些具有丰富工作经验的法律工作者进行实践课程的教学，丰富学生的实践资源。模拟法庭和案例分析也可以锻炼学生的实践能力，要注重竞赛演练，把学生培养成具有全球化视野、精通国际社会竞争规则、积极参与国际法律实务和解决国际法律争议的精英型、复合型人才。从法律实践教育国际竞赛入手，以理论指导实践，以实践反哺理论，从而深化符合法学教育特色的法学教育理论。首先，国际竞赛使得国内法学教育国际化。国际竞赛参与者来自世界各地，其中不乏法学教育的历史名校。国际竞赛的评委是来自各国的律师、法学教授、专业人士。这有利于拓展学生的视野，促进他们跨国交流和学习。其次，国际竞赛促进法学的教学改革。[②]国际竞赛的案例多源于真实的案例或热点问题，通过对案例的解读和庭辩，学生们可以全方位锻炼自己的法学理论修养、英文写作能力、英语口语能力、庭辩反应、仪表风度等，这是我国法学教

---

① 方华梁．世界一流大学专业教育演进的逻辑——基于知识秩序转型视角的考察［J］．高等教育研究，2019（02）：61－71．

② 张桂林．素质·能力·视野——三位一体的卓越法律人才培养［J］．公安学刊（浙江警察学院学报），2014（02）：35－39．

育所需要解决的问题。最后，国际竞赛促进教师素质提升。国际竞赛本身就是一种国际性的学术活动和教育方式，竞赛指导老师能够更多了解国际上不同的教学方法，有利于进行国际学术交流。国际竞赛提升法学专业学生的国际竞争力。全英文的备赛和应战可以深化学生法律英语知识和提高其应用法律英语的能力。对法律英语的熟练掌握有利于学生参与国际案例的处理，为提升国际竞争力奠定基础。

课程教学改革

国际法教学改革的现代化方向

谢海霞

摘　要　党的十九大明确了我国要推进国家治理体系和治理能力现代化。必须加强国际法研究和运用，提高涉外工作法治化水平。国际法的教学是做好国际法研究和运用的基础和前提，现有的教学内容和教学模式要适应新形势发展的要求，拓宽国际法教学内容，要有问题意识，反映中国实践，体现中国视角，为国际法的运用提供更扎实的理论基础。2020 年暴发的新冠疫情催生了全球范围内教学模式的变革，在线课程的广泛开展为教学模式的变革提供了更多样本，也为国际法本科教学改革提供了经验和借鉴。

关键词　国际法教学；现代化；中国问题；中国实践；反向设计

2017 年 1 月，习近平总书记在联合国日内瓦总部的演讲中特别指出中国将推动构建人类命运共同体，促进国际关系法治化。中共中央十九届四中全会中明确了中国要推进国家治理体系和治理能力现代化，坚持和完善中国特色社会主义法治体系，提高党依法治国、依法执政能力。要加强涉外法治工作，建立涉外工作法务制度，加强国际法研究和运用，提高涉外工作法治化水平。法院在提高司法裁判的国际公信力方面[①]，要做到准确适用国际条约和惯例。要深入研究“一带一路”沿线各国与我国缔结或共同参加的贸易、投资、金融、海运等国际条约，严格依照《维也纳条约法公约》的规定，根据条约用语通常所具有的含义按其上

本文系作者承担的 2020 年校级教改课题“本科《国际法》课程建设”的阶段性成果。

谢海霞，女，法学博士，首都经济贸易大学法学院教授，研究方向：国际法。

① 最高人民法院．最高人民法院关于人民法院为“一带一路”建设提供司法服务和保障的若干意见［EB/OL］．（2015－06－16）．http://www.court.gov.cn．

下文并参照条约的目的及宗旨进行善意解释，增强案件审判中国际条约和惯例适用的统一性、稳定性和可预见性。就涉外法治人才培养而言，国际法作为学科基础课，是实现对国际法的准确理解和运用的基础，如何从国家治理能力现代化出发，研究和实践丰富当前国际法的教学内容，吸收中国国际法实践，体现中国视角，都是当下的国际法教学需要研究和探索的重要内容。

一、国际法教学中的问题梳理

国际法教学中面临的问题也是法治人才培养中面临的问题的具体化。与落实加快建设社会主义法治国家，培养法治人才的要求相对照，我国法治人才培养质量和机制还存在一些不足和问题[①]，包括学科结构不尽合理；法学类学科体系、课程体系不尽完善；社会急需的新兴学科、交叉学科供给不足；法学学科和其他学科交叉融合还不够深入；教材编写和教学实施偏重于西方法学理论，缺乏鉴别和批判；法学教育重形式、轻实效，法治人才培养重专业教育、轻思想政治教育的现象还存在，等等。

就如何解决人才培养中出现的问题，有学者认为需要解决四大体系建设，其中就包括课程体系，当然这是指整体上的课程体系，也可以将之深入每门课程的体系[②]；在具体的人才培养方法上，还应解决法治人才培养模式单一、法律职业技能训练不足的问题[③]。当前的法学教育普遍偏重理论化，重视对法律概念、法律规范的解释性讲授，缺乏对法律制定背景、法律适用情况的深入研讨，特别缺乏对法律职业技能、法律知识运用等实践能力的培养。很多学生虽然在校期间基础知识扎实，成绩优异，但工作以后，面对实际问题以及复杂问题的解决，却往往缺乏创造性的思维方法和有效的操作能力。因此需要展开从“以教为中心”向“以学为中心”的课堂延伸路径下教学方式与方法的探索。在重新界定法治人才培养目标和多元化法治人才培养模式的基础上，改革教学方式、教学方法和教学手

---

① 黄进．培养德法兼修的高素质法治人才 引领中国法学教育进入新时代［J］．中国高等教育，2018（09）：29－31．

② 王利明．法学教育的使命［J］．中国法学教育研究，2017（01）：3－11．

③ 曹文泽．司法体制改革背景下高校法治人才培养机制的创新［J］．法学，2017（07）：3－10．

段，为学生提供更大的学习空间、更丰富的教学资源和更高效实用的教学内容①。目前的实践教学与知识教学存在严重脱节，知识教学与实践教学存在着阶段化割裂，知识教学与实践教学内容的“孤岛化”突出②。

这些问题在涉外法治人才培养中表现得更为突出，③“如果没有一流的国际法教学机构、教学体系、教学规划、教学过程，很难说我们能够发展出一流的学术研究，能够支撑一流的前沿实践④”。如果将问题进一步具象化到国际法课程教学中，可以归结为以下几个方面：第一，国际法课程体系和课程内容的现代化问题。国际法的中国实践是否以及如何进入本科教学内容。随着全球化的发展趋势，国际法的内容和范围都发生了巨大的变化，这些变化是否都能体现在国际法的教学中？国际法课程体系和教学方法的改进正是基于国家对熟悉和掌握国际规则的法治人才的迫切需要而提出的。如何将国际法的理论与实践引入到教学体系中，引导学生不仅懂得书本上的法律，更要关注社会问题和社会发展，是搞好国际法课程改革的重要内容。第二，国际法的教学模式如何革新，如何实现国际法的实践教学？国际法课程讲什么、如何讲始终是国际法教学中讨论的热点问题，例如美国律协和美国国际学生联合会每年都专门召开国际法教学方面的研讨会，讨论国际法教学中面临的难题，我国国际法年会经常将该议题列入讨论内容，反映出该问题具有常问常新的内涵。

二、国际法教学内容的现代化

1. 国际法教学要有时代性

国际法的教学要反映现实中的国际法，呈现出国际法的全貌。身处于“百年未有之大变局”的时代，国际法作为国际秩序“稳定器”的作用面临严峻挑战，国际经贸环境、国家安全等领域出现混乱和不稳定状态⑤，也催生了国际法发展的新契机，国际法规则制定的活跃，国内关于国际法的运用也成为当下的研究热

① 蒋新苗．加快构建中国特色法学人才体系［J］．中国大学教学，2017（05）：32－37，41.

② 于志刚．法治人才培养中实践教学模式的中国探索：“同步实践教学”［J］．中国政法大学学报，2017（05）：38－51，158－159.

③ 柳华文．论进一步加强国际法研究和运用［J］．国际法研究，2020（01）：3－15.

④ 何志鹏．中国国际法学的双维主流化［J］．政法论坛，2018（05）：173－191.

⑤ 贾桂德．2019年国际法形势和中国外交法律工作［J］．国际法学刊，2020（01）：1－12，154.

点。与国际法的国际国内实践相适应，国际法教学应当是当下的国际法教学，既需要体现基础，也需要融入新元素，体现新发展。

作为一门学科基础课，国际法课程内容庞大，涉及多个领域。自国际法产生以来，国际法的主体一直在增加，目前联合国有 190 多个会员国，国际组织数量呈现显著增长趋势，其中政府间国际组织达到 1 000 多个，国家和国际组织都成为当今国际社会重要的国际法主体，影响了国际法的发展进程。其他如非政府间国际组织、个人、跨国企业等，虽然还不是国际法意义上的主体，但是他们的地位在上升，并且在国际社会发挥着越来越大的作用，促进了国际“软法”的形成与实践。国际造法频繁，一方面国际条约的数量增长显著，有 82 000 多个国际条约或者协定，还有许多发展中的软法，如谅解备忘录、联大决议、外交文书。中国参加了 600 多个国际条约，批准了 200 多个国际条约，制定、修改、废除了多个与国际法不相符的国内法律、法规。国际习惯的编纂也达到了新的阶段，即时习惯国际法已经出现，联合国法律委员会专门针对习惯国际法的识别进行了立法活动。尤其是近年来随着科技、通信等技术的发展，国际法的适用领域已经深入到国际社会的多个方面，从外太空到深海洋底，从环境到人权保护，无所不在，无所不包。与过去相比，国际法的教学内容正面临着新冲击，这对教学内容的组织与设计产生了重大影响。

当今社会就是一个全球化的社会，国际法规则体系日益扩大、庞杂，这已经极大地影响了国际法教育，极大地改变了整个国际社会。一方面，全球化使得国际社会交往日益深入，国家在政治、外交、经济、文化、贸易等多个方面交流频繁，人权保护达到了新的阶段，国际组织，如联合国、世界贸易组织等正在发挥着前所未有的作用，同时，国际社会也面临着前所未有的挑战。一些西方国家挑战了国际法中的国家领土主权原则和不干涉内政原则；从预防性自卫到武力反恐也对国际法中的武力使用提出了新的挑战。另一方面，去全球化问题也与全球化相伴相生，贸易制裁、世界贸易组织上诉机制停摆、毒丸条款、公共卫生事件等新问题、新实践层出不穷，挑战着多边主义体制和传统秩序。百年未有之大变局下，国际法的理论和实践既遭遇着冲击，也面临着新的突破和发展。这些新的问题既不是纸面上的问题，也不是教科书中的文字，而是多变的实践与残酷的现实，如何撕破国际法温柔的面纱，重新思考在有限的课堂教学中如何融入丰富的国际法教学内容，如何处理好专业化与碎片化的冲突，如何反映国际法学的最新发展，是当前国际法教学不得不面对的问题。

教学内容要及时反映国际法的新发展就要扩容国际法的教学内容。这可以在指定教材的基础上，每次课补充代表性论文、经典案例、热点问题来补充教学资料的不足。同时，结合当下的实践，利用新媒体、自媒体的技术，充分发挥网络社会即时性讨论的特点，指导学生仔细研读跟踪每周的新闻热点，从中找到法律争议焦点，结合课堂学习开展讨论，将纸面上的文字转化为实践问题的分析。这些实践内容还要进入考核指标体系中，教材、论文、案例分析、实践问题讨论等都被纳入考察范围内，让学生从“以教为主”向“以学为主”转变，从“以课堂教学为主”向“以课堂教学和课外教学相结合”转变，将纸面上的国际法转变为现实国际法。

2. 国际法教学中要体现中国问题意识

我国提出了构建人类命运共同体的主张，积极推动国际关系法治化。党的十九大报告中明确了我国“坚持和平发展道路，推动构建人类命运共同体”，在十九届四中全会《中共中央关于坚持和完善中国特色社会主义制度推进国家治理体系和治理能力现代化若干重大问题的决定》中进一步明确了我国“高举构建人类命运共同体旗帜，秉持共商共建共享的全球治理观，倡导多边主义和国际关系民主化，推动全球经济治理机制变革。”2020 年 11 月，在中央全面依法治国工作会议上，习近平总书记强调要坚持统筹推进国内法治和涉外法治。要加快涉外法治工作战略布局，协调推进国内治理和国际治理，更好维护国家主权、安全、发展利益。要强化法治思维，运用法治方式，有效应对挑战、防范风险，综合利用立法、执法、司法等手段开展斗争，坚决维护国家主权、尊严和核心利益。要推动全球治理变革，推动构建人类命运共同体。这些主张“引领了中国在国际法领域的理论创新，形成了新时代中国国际法观[①]”。我国积极维护多边体制，坚持国际法基本原则，推动“一带一路”建设，履行减贫责任，加强生态文明建设，提供包括亚洲基础设施投资银行在内的国际公共产品，为国际社会的法治提供中国智慧和中国方案。其中涉及我国如何认识、理解和运用现有的国际法规则；我国如何实践

① 徐宏．努力开创新时代国际法新局面［J］．中国国际法年刊，2018．

和发展现有的国际法规则，我国为多边体制注入了许多新理念。这些新内容，新方法，使国际法在我国的发展和应用中为当前国际法教学提供新素材。问题在于，我国是否主动总结了这些新的实践，是否已经参与了影响国际话语权的表达，是否已经构建出有足够的能力来参与国际话语权的表达。就前者而言，我国国内立法、司法、执法实践中的国际法缺位或者滞后现象阻碍了我国提供国际话语权表达素材①，我国教学中中国问题的缺失也导致培养学生独立思考中国问题机会的缺失。

我国多数的教科书中似乎也把中国问题和中国实践给遗忘了，很多章节很少涉及或者回避了中国的国际法实践，但是中国的国际国内实践从没有离开过国际法。当下的问题在于我国不仅要遵守国际法②，维护多边主义③，还要积极构建中国理论，解决中国问题。如果国际法课程不能为中国问题提供思路和想法，不能提供中国实践素材，那又如何推动我国在实践中遵守国际法？中国理论又如何构建？如果学生都不懂得中国实践，又如何理解学习国际法的现实意义？当下的问题已经不是是否将国际法的中国实践引进到大学课堂，而是如何做到更好、更科学地将实践问题引入课堂？这些都需要开展具体的研究和准备，要形成体系，做到既有理论指导，还能提供实践的解决方案，以期能为未来解决实践问题提供思路。

三、教学模式的现代化

1. 教学模式革新的现实选择性

在教学方法上，要认清国际法的“道”，提高国际法教学的“术”。④法治人才的培养要求加强对学生思维能力的培养，加强对学生分析问题、解决问题能力的培养。法律的实践具有复杂性，如何做到说理是法律实践中必须解决的问题。正如我国最高法院司法改革中强调要加强裁判文书释法说理，说理是需要长期的学术训练培养的，每门课程都是对说理的一种训练，关键是如何训练？目的是通

① 谢海霞. 人类命运共同体的构建与国际法的发展［J］. 法学论坛，2018（01）：23－33.

② 《中俄关于促进国际法的声明》，2016年6月25日双方联合签署并发表.

③ 中法《关于共同维护多边主义，完善全球治理的联合声明》，2019年3月26日双方联合签署并发表.

④ 何志鹏. 中国国际法教学提升的“道”与“术”［J］. 中国大学教学，2017（04）：17－25.

过阐明裁判结论的形成过程和裁判文书释法说理，要阐明事理，说明裁判所认定的案件事实及其根据和理由，展示案件事实认定的客观性、公正性和准确性。

在方法的运用上，有许多误区，有许多看似合理却值得改革的内容。正如行为经济学所揭示的，行为经济学不再将人视为理性人，其理论设计回归到普通人，即所有人都应该意识到我们生活的世界是由普通人组成的，应该在自己的工作和生活中采取优秀科学家所使用的以数据为中心的问题解决方法。[①]行为经济学方法也可以用于教学中，可以通过实验找到提高教学质量的方法。在行为经济学上，针对普通人可以给予助推的选择，助推的方法有助于普通人做出更好的决策。如果将行为经济学的理论应用到国际法的教学中，通过精心的内容设计，精细化的课程指导和科学的评价机制，教师的教学内容、教学方法、教学过程管理也能成为一种助推方法。助推不是解决具体如何设计国际法课程，而是帮助普通人突破逻辑定式，突破教学方法的固有模式，包括翻转课堂运用到国际法的教学，引入国际法教学实践内容，利用互联网开展线下和线上的混合金课等。

实践教学一直被认为是国际法教学的难题。国际法由于其课程体系特点以及社会上对国际法的认识不足，一度被认为是高大上、远离实践的理论。但是我国经济的迅速发展，改革开放的进一步深化，国际地位的提高将国际法快推到了国人面前。当我们还在纠结全球化如何进行时，去全球化已经开始搅动现有的国际格局；当我们还在困惑于互惠时，美国祭出了“对等”这个国际法词汇，由美国挑起的中美经贸摩擦既是经济贸易领域的摩擦，更是法律的冲突。应对和解决国际法难题的人才，某种意义上不是教出来的，是经过系统的训练锤炼出来的。

实践教学作为人才培养模式中的重要内容，许多高校都在难中求发展，探索符合国际法学科特色的实践教学模式，其中，中国政法大学以“即时共享”的优质司法资源为基础和课程内容，引入和坚持“情境教学”和“翻转课堂”等先进教学理念，设置了递进式、优势互补的实践教学的五大传统课程模块，具有突出亮点和特色的同步实践教学“翻转课堂”课程模块，以及分站式实践教学的课程体系[②]。国际法模拟法庭不仅是培养国际化复合型法律人才和塑造高质量师资队

---

① 泰勒．错误的行为［M］．北京：中信出版社，2017：391．

② 黄进．创建“即时共享 协同融合 学训一体”同步实践教学模式，培养卓越法律人才［J］．法学教育研究，2015（01）：3－17，389．

伍的一条有效途径，而且是推动教学模式和教学方法改革发展的重要动力，在国际法的教学中应当予以大力推广和完善①。

2. 技术赋能

2018 年的《成都宣言》明确提出教育要推进“四个回归”，高等教育要加快人才培养的思想创新、理念创新、方法技术创新和模式创新。在本科教学上，表现为要推进课程内容更新，将学科研究新进展、实践发展新经验、社会需求新变化及时纳入教材；推动课堂革命，把沉默单向的课堂变成碰撞思想、启迪智慧的互动场所。技术改变的不仅仅是教学的场所，而是改变教学的模式。正如技术变革的核心是影响人类的行为模式，教学技术的革新是改变了教学的范式，新冠肺炎疫情背景下的网络课程，无论是直播也好，录播也好，都给教学方式带来了新的空间，适应这种模式的要求，以学生为中心的教学模式开始形成②，在这种模式下，教师要预先给定阅读资料，包括扩展的资料，学生在指定的时间内自主选择完成阅读资料，自主学习相关内容，教师在后面的直播或者录播中解决学生学习中的难题，或开展讨论时下的热点问题，学生完成作业，教师给予回馈。在这种模式下，学生成为学习的主体，教师从讲授者变成了引导者，学习主体实现了位移。

新技术使得教学模式革新成为现实。工业 4.0、人工智能、5G 技术的推广，技术的快速迭代改变了教育的方式，各种融合了互联网+人工智能+技术的学习模式已经成为高等教育的重要发展方向，翻转课堂、慕课、在校学习等都成为教学中重要的方式方法。如果说在 2020 年 1 月底之前，这种在线教育还是师生自主选择的结果，在 2020 年新冠肺炎疫情发生后，在线教育就成为全球教育的不二之选。自 2020 年 2 月开始全国的学校陆续开始网络教学，据不完全统计③，截至 2020 年 5 月 8 日，我国 1 454 所高校开展在线教学，其中 103 万名教师在线开出了 107 万门课程，合计 1 226 万门次课程，既包括理论课，也包括实验课；参加在线学习的大学生共计 1 775 万人，合计 23 亿人次。大学从围墙内的课堂教学延伸到了

---

① 何志鹏．模拟法庭与法学教育的职业转型［J］．中国大学教学，2016（04）：64－70．

② 洪化清．信息技术赋能 实现教与学的翻转——新加坡南洋理工大学的教与学变革［J］．中国大学教学，2019（12）：44－48．

③ 中教新媒体．教育部新闻发布会上吴岩司长 SHOW 出中国高教在线教育“国际范”［EB/OL］．［2020－05－15］．http://www.cedumedia.com/i/27340.html．

在线课堂。

2020 年新冠肺炎疫情的发生催生了教学模式的变革。新冠肺炎疫情不仅影响了人类的生活方式，甚至有观点认为人类社会的发展可以被分为新冠肺炎疫情前时代和后新冠肺炎疫情时代。姑且不论这种界分是否科学合理，一个不可否认的现实情况是新冠肺炎疫情的发生对于整个人类社会的影响还无法评估，人类还不知晓病毒的由来，未找到其发病机理，人类社会可能将在一个相当长的时间内在新冠肺炎病毒的影响下生活。围绕着新冠肺炎疫情引发了各种讨论，就国际法课程而言，这种讨论既涉及国际法的实体问题，如新冠肺炎疫情作为国际公共卫生事件的性质界定，与之相关的各方责任以及责任承担；新冠肺炎疫情下是否构成紧急状态，与之相关的人权保护；围绕着新冠肺炎疫情发生的国际“滥诉”行为，国家及其财产管辖豁免的法律规定等。同时，新冠肺炎疫情也迫使国际法教学方法必须革新，网上教学成为这个时期的不二之选。即便人类终归能战胜新冠肺炎疫情，学生回归校园上课，新冠肺炎疫情期间的国际法教学内容和方式革新将会留下深刻的印记，也会影响今后的国际法教学。

3. 新冠肺炎疫情下的翻转课堂设计

在 2020 年春季学期，由于新冠肺炎疫情的发生，采用线上教学成为不二之选。考虑到网络支持等因素，笔者所在的国际法教学团队经过讨论和比对，最终选用了大学慕课 + 学习通 + 微信课程群的教学方式，采用录课作为教学补充资源，通过周周作业检查学习内容，通过期末论文检验教学效果。通过一个学期的实践，根据学生在教学中的回馈，对比之前的教学模式，可以发现新冠肺炎疫情下催生的全网教学模式确实有其独特性，为教学模式改革提供了契机。

第一，在线课程的可重复性扩展了课程的时间和空间，课程具有课前课后延伸性，为教学纳入更多的教学内容提供了可能，教学内容的扩张得到了实现。

在线课程资源有其技术优越性和理念超前性。从技术上看，在线课程具有可重复性，学生回馈教学内容可以反复看，结合作业进行检查，有利于复习知识点，扩展阅读面。同时，在线课程信息量大于平时的课堂教学，基于网络完成的事先预习和学习科研，采用 MOOC 和课程录课讲解重点问题和热点问题，通过直播或者微信群讨论问题，通过课后作业督促学生自组小组开展讨论，通过作业检查学生学习效果的方式，扩张了课程的学习和扩大了讨论内容。网课学习方式多样，不局限于时间、地点，不局限于固定形式，给了学生多样的选择，更加便利学生的学习。这实现了课程自由，给了教学无限的空间和时间。就技术对于教学理念的影响而言，教师电子素养①的形成，技术的使用影响理念的形成，当教师从线下走到了线上，或者走到线下与线上相混合的道路时，其就开始了从传统的以教师为中心的模式向以学生为中心的模式的转化。

第二，反向设计教学内容和教学模式，让翻转课堂真正实现以学生为中心的教学理念。教学目标和教学内容的变革不是通过翻转课堂自动就能取得的，而是要通过教师的设计来谋划。在教学设计中，反向设计是一种得到广泛认可的方式，包括反向设计教学目标，反向设计教学内容，反向设计课后作业，反向设计教学考核方式。反向设计的目标是实现以学生为中心，教师在设计课程时要从学生出发，不是问自己想交给学生什么，而是要从学生的角度考虑，当学生学完这门课时，教师希望他们掌握什么内容，掌握到什么程度？在哪些实践中帮助他们运用国际法？教学的考查方式是否能体现培养目标，具体考查的内容是针对学生何种能力培养的？哪些课堂讨论活动或者作业能有助于学生理解教学中的哪些内容？最终考试的方式是为了检验学生该学期掌握了哪些内容。在从传统考核过渡到在线教学的课程考核时，还需要考虑考核是由个人完成还是小组参与完成，是需要学生在规定时间内完成，还是在某个时间段提交即可？课程考核是否还有其他特殊需求？等等。通过这些问题，逐步梳理清楚该课程的设计方案。

第三，采用多重方式混用，克服在线课程的局限性。在线课程如果就是直播课，无非是从线下搬到了线上，并没有实现教学内容的扩容，也没有实现学生为中心的教学理念。如果将在线课程仅仅等同于建设一门慕课课程，那教学互动就被边缘化，个性化课程方案被放弃，课程考查流于形式。任何一种技术都是手段，都有其局限性，关键是如何用好技术，针对不同的课程目标、课程内容设计采用不同的方式，或者采用多种方式以克服教学中的盲点。因此，慕课、混合金课、在线直播、线下课程等都有其合理性，各种方式之间是互补关系，不同的授课主体不同的学习对象下不同的选择问题。将单一的授课模式标准化或者固定化，都是对技术革命带来的教学方式变革的异化。

---

① 邬大光．教育技术演进的回顾与思考——基于新冠肺炎疫情背景下高校在线教学的视角［J］．中国高教研究，2020（04）：1－6，11．

第四，在线教学要规则先行或者并行，在有规则性的前提下考虑灵活性。

纽约大学在 2020 年 3 月全部课程实施网上授课后，学校提供了一系列有关线上考评方法和实践建议以帮助教师迅速且顺利地完成线上、线下过渡，这些在线教学的指导方法和替代评估方案是完成在线教学的不可少的内容。尽管 2020 年春季学期是特殊情况，但是在线教学规则和指引的缺乏反映出国家和学校、院系对于在线教学、翻转课堂的认识还没有明晰。现有的实践中问题层出不穷[①]，老师边上课边调整教学内容和进度，同时学习应对各种技术难题，由于对于技术不熟悉或者教学平台本身的承载有限性，教学真的变成了“动态调整”中的教学，不仅教学的计划性组织性不强，教学效果缺乏评估指标，具体效果如何完全依靠老师的责任心。就学生而言，学生普遍不愿意在线露出真面目，即便在微信群或者腾讯视频讨论问题，课堂互动不好。再有教学中使用的很多资料还涉及知识产权问题，如果是课堂教学少量用于科研目的使用是合法，但是在线课程使用，数量大，又可以被复制和传播，由此引发的知识产权和其他权利争议则是不清晰的，这也导致一些老师上课有顾虑，讲授内容很固化。

第五，每章都要及时进行考评和测验。课程采取过程考核管理，及时评估每次课程的进度和难度，以及学生掌握情况，因此就要改变期中与期末考试一次考试定成绩的做法，而是采用多样化考核方式，包括：（1）每周指定教学任务和教学安排与目标，布置必要的阅读书目。（2）每周进行考评。每章的考核完成后，要布置一定难度的作业，检测学生的完成情况。作业要注重考评学生对于基础理论的认知和理解，侧重于知识的运用，因此建议以案例方式考察。选择题可以侧重于考察如何区分比较相类似的内容，如何在实践中运用该制度或者理论，以及其中涉及的难点和重点。同时，可以将一些热点问题作为讨论问题留给学生。（3）及时回馈。从学生做作业的情况看，有几个特点，第一是自发组织学习小组，讨论涉及的问题。以往以教师为中心指定的学习小组不活跃，学生因为各种原因不愿意在一起学习。这次疫情期间，作业因为有难度，学生们自发在网上结成学习小组，开展讨论。能开展讨论的题目在于题目有难度，即便是选择题，涉及的知识点非常广泛，在书中没有答案，需要结合阅读资料、查找资料才能琢磨出答案，

① 胡小平，谢作栩．疫情下高校在线教学的优势与挑战探析［J］．中国高教研究，2020（04）：18－22，58．

因此推动学生自己讨论，去思考发现答案。第二，学生经常有疑问。即便是对选择题，看起来很简单，学生都经常对其中的选项提出疑问，解答疑问的过程就是指导学生学习的过程。提出疑问的学生都是非常认真琢磨，思考过每个选项，并且都能提出自己的想法和观点。解答过程中，确实有些内容非常有启发性，显示出学生独立思考的能力。通过解答，可以具体指导学生如何思考，引导学生的思路，也可以指导学生如何培养逻辑思维，不能出现逻辑跳跃。这些答疑解惑的过程，所涉及的题目和学生范围，超越了以往采用课堂教学的方式，显示出学生自我意识的唤醒，培养了学生独立思考能力。

四、结语

全球化和去全球化还在争论国际社会的发展走向，但是国际社会始终是需要规则的社会，只是各国都在通过不同的运作模式在修改，或者在发展先行国际法规则。国际法就是在各国的竞争和合作中逐步发展完善起来的。就中国而言，改革开放四十年，法治中国的推进，人类命运共同体的构建，都将中国推到了新的历史舞台，中国是国际法的支持者、坚定的履行者和践行者，就如中国和俄罗斯共同发布的《关于遵守国际法的宣言》中所表达的那样。国际社会的发展和国家对国际法的需求，对中国的国际法治人才提出了前所未有的要求，在国际法的教学体系的组织和设计上，要改革国际法课程的教学模式，教学要承载学科基础知识，更要承载当前的前沿发展任务。课程内容要关注中国实践，培养学生认识中国实践，解决中国实践问题，将国际法和国内法结合，唤起学生的兴趣是调动课堂活力的最大动力。

论禁毒学专业执法类课程实训教学的实质化

曾文远

摘　要　禁毒学是公安学下设的二级学科，其作为大学本科专业始于1998年。禁毒学专业在公安教育中占据着重要地位，其中，禁毒学专业执法类课程的建设又尤为重要。在开展禁毒学专业执法类课程建设过程中，禁毒执法的实战性决定着禁毒学专业执法类课程需要依托开展实训教学促进理论教学。但是，当前禁毒学专业执法类课程实训教学开展过程中，存在着实训内容死板、教学效果表面、流程设计欠佳、反馈机制阙如等问题。这些问题的本质在于实训教学过于形式化的问题，为此，探索一种实质化的实训教学，这是提升禁毒学专业执法类课程建设的根本途径。

关键词　禁毒学；执法类课程；实训教学；形式化；实质化

近年来，我国公安院校学历化趋势日渐明显。为适应新时代下公安学学科建设和公安学人才培养的需要，目前，我国绝大多数公安院校已逐步成为全日制本科高等院校。禁毒学专业自1998年被教育部增设为大学本科招生专业始，即一直在公安类普通高等学校中开设。同时，公安院校性质决定着禁毒学专业必然体现以执法类课程为核心课程的教学设计。既然公安类普通高等学校称之为“大学”，那么课程的设置必然要体现大学精神，而不能只是简单的职业技能培训。教育的目的是在于教导学生成长以及做人，同时激发学生的创新潜能。公安院校培育预备警官，并不能只是局限于要求让学生具备作为一名人民警察所要求具备的技能，而是要将学生真正培养成具有健全人民警察素质的后备力量。因此，禁毒学专业

曾文远，男，法学博士，中国人民公安大学食品药品与环境犯罪研究中心专职研究人员。

执法类课程实训教学过程中也要注重人民警察素质的培养，而并非仅是灌输技能操作。

一、禁毒学专业执法类课程实训教学的现状和问题

实训教学是指在教学过程中，模拟实际工作环境，采用来自真实工作项目的实训案例，在教学过程中理论结合实践，引导学生进行参与式学习的一种教学方法。实训教学是教学方式的创新形式，但其本质上仍然属于课程建设的范畴。实训教学和理论教学一样，都是通过一定的教学流程实现着课程内容。目前我国禁毒学专业执法类课程实训教学在内容上主要涉及禁毒情报实训、吸毒检测实训、公开查缉毒品实训、毒品治安案件查处实训、毒品犯罪案件侦查综合实训等五大板块，在流程上主要呈现七大环节，这些课程内容的设计还是比较符合禁毒学专业建设的需要，但遗憾的是，从教学流程呈现的情况来看，我国禁毒学专业执法类课程实训教学却又存在着一些不容忽视的问题。

（一）实训教学现状

为培养和提升禁毒学专业学生办案能力，当前禁毒学专业大多数实训教学都遵循着“教、学、练、战”一体化的原则设置课程。禁毒学专业执法类课程实训教学依托真实案例，通过模拟仿真环境，安排仿真组织形式，采用仿真教学手段，最后布置仿真课后练习。该实训课程流程大致如下：通过给同学们真实的禁毒执法案例，模拟案发现场原形，将参训同学分为不同小组，每组同学布置不同任务。通过模拟受案、侦查、制作案卷、结案等一系列流程，使参训同学在实训过程中掌握禁毒执法办案技能。我们可以把这些实训流程分解为以下环节来理解。

一是建设仿真教学环境。包括模拟室内违法犯罪现场场景，即室内场景的布局应满足室内居住生活的基本需求，尽可能贴近生活实际，在条件允许的情况下还可配备必要的家具、生活用具等，使得这些设施在实训过程中都用于模拟违法犯罪现场，营造真实环境；模拟询问讯问场景，即依靠学校内设立的模拟询问审讯室开展模拟讯问审讯活动也是禁毒学专业执法类课程实训教学的主要内容；模拟网上办案，即模拟通过现代化、科技化的侦查手段进行毒品犯罪案件的侦查，让学生熟练网上办案流程，如网上呈请立案、公开搜查、侦查辨认等，以实现基

于网络信息调查和处理案件的需要，同时利用公安网络信息资源进行犯罪信息的查询，比较和判断。

二是设计仿真教学内容。专业教师在进行实践培训前，先收集典型的禁毒执法案例，并结合专业基础理论知识对这些案例进行拆除和编辑。在现有的培训条件下，既能满足实践培训的需要，又能提高学生的操作能力，学生获得真实接触禁毒执法办案的感受，教学内容与办案实际业务得以相互促进发展，从而提高学生的职业能力，促进学生办案素养的提升。如在设计禁毒犯罪现场勘查实训教学内容时，对从实战部门搜集到的禁毒案件犯罪现场（有文字、图片和视频）资料进行认真分析，针对教学要点，提供符合实训课程需要的模拟案例。将实训教学材料整理好后，开始进行模拟犯罪现场的布置，对参训学生介绍完案情后，由参训学生根据考核内容，独立完成犯罪现场保护、犯罪现场勘验、犯罪现场访问、临场分析、绘制现场图、犯罪现场信息录入等项工作。

三是安排仿真组织形式。教师模拟一线禁毒工作中执法实战部门的组织管理形式，以办案组（5－8人左右）为单位，将参训学生分为不同的办案小组，每个模拟小组内的学生结合案例的实际情况，进行不同的角色划分。以禁毒犯罪现场勘查实训教学为例，在这一实训课程中，需要有现场勘验指挥人员、现场保护人员、现场勘验人员、现场照相人员、现场访问人员等人员角色，由不同学生来分饰角色开展实训，在划分好不同角色以后，开展模拟实训，在操作过程中讲解实训要点。

四是采用仿真教学手段。由于学生在实训前并没有接触过相关的案件调查与处理，他们对毒品案件查办活动没有直观的了解，教师往往使用多媒体和其他形式的演示与模拟，在实训课程开始以前，先期对参训学生进行展示。通过示范，提示学生在开展实训过程中不仅要掌握整体，更要注意细节。以人身搜查为例，禁毒执法多媒体培训软件中有相关内容的规范操作要求，教师可以利用软件在开展实训之前组织学生进行学习。待学生进行完软件模拟培训后，分组进行人身搜查的实训教学。这种实训形式不仅可以让学生在软件模拟过程中学习到操作规范，而且可以让学生进行动手操作与亲身体验，从而调动学生的学习主动性和积极性。

五是设计现场考核环节。当前禁毒学专业执法类课程实训教学主要依靠对学生的专业技能和职业素质进行现场考核的方式进行考核评定。教师依据综合实训课程的难点与重点，将实训中容易出现的问题设置为考核的重点考察点，对参训学生在现场模拟时的表现做出合理的评定。

六是布置课后思考。目前禁毒学专业执法类课程实训教学过程中，课后思考主要是以学习心得的方式进行的，通过布置心得体会的作业，让禁毒学专业学生在禁毒执法实训课程结束以后，回忆自己所学习到的内容，并将其写成心得体会，加深印象。

（二）存在的问题

在禁毒学专业执法类课程实训教学的实际操作中，无论老师还是学生，从课堂效果上来看，收获都有一定的局限性。在这样的实训课堂上，老师只是教学生如何做，虽然学生学得有模有样，但是并没有把握住实训教学当中的内涵与精神，这导致实训教学课堂成了技能培训的课堂。学生只知道怎么做却不知道为什么这样做。从实训教学的实际操作来看，以下问题是比较突出的。

一是实训内容上较为死板，并没有结合案例灵活设置实训内容。在禁毒学专业执法类课程实训教学中，实训的内容往往是由教师事先将教学要点分类，然后再寻找类似的案例，将教学要点融入到案例之中，然后在实训课程上交给学生去进行模拟演练。这样布置课程内容的优点是可以通过实训推动执法理论的传授。但是，实训课程之中所用到的案例所涉及的往往并不只是单一执法内容。因此在实训过程中学生会遇到本节课教师并没有安排为课程重点的一些执法内容，这样在模拟演练时学生往往会遇到很大阻力。

二是实训流程的设计仍有不足处。在禁毒学专业执法类课程实训教学过程中，课程的大体流程主要是先由教师讲解本节课程主要训练的执法理论内容，之后进行模拟演练，最后进行点评和布置课后作业。因为执法理论部分内容是由实践高度概括而来，所以在讲解过程中存在着学生听课效果不好的现象。相比较理论而言，学生更期待的是动手实践。但是一节实训课由枯燥的内容引入，这样反而使学生的参与热情降低。

三是课堂效果并不深入。一节实训课程结束以后，教师会布置学习心得作为课堂作业，目的是为了使学生加深对课堂内容的印象。但是在学生所写的心得体会中能够反映出来的是学生经过了实训课的模拟演练，留下印象最深刻的往往是执法过程中遇到什么情况需要怎么做，抑或是执法规范中要求什么是可以做的以及什么是不能做的。但是学生对于为什么可以做、为什么不能做的问题并没有更加深入的思考。因此实训课程实际上只起到了操作规范的作用，却并没有能够引发学生对于执法内涵的理解，也更谈不上通过执法类课程实训教学课程的一点内容触类旁通，真正掌握如何执法。

四是实训课后反馈机制欠缺，且内容形式单一，内容空泛。禁毒学专业执法类课程实训教学的课后作业，目前只依靠写心得体会来完成。因为实训课程操作性的内容居多，不方便教师布置相对规范统一的课后作业。因此，学生在实训课下课以后便出现了学习的真空期。只通过一篇学习心得，往往不能够达到课后巩固的效果。而且这样的课后作业布置形式也并没有得到学生的重视，心得体会普遍空泛，学生没有真正的经过思考后总结心得，大多都是应付了事。

二、从形式化到实质化：禁毒学执法类课程实训教学的转变

从禁毒学专业执法类课程实训教学的实施现状来看，其问题的本质在于过于形式化，即存在着演戏化、技能化、表面化的典型特点，这样使得实训教学“只有其形而无其神”，对此，笔者认为，实质化的实训教学将更加有助于禁毒学执法类课程教学内容的实现。那么，何为实质化的实训教学呢？对此问题的回答首先应当从实训教学和理论教学的关系入手展开讨论。

（一）理论教学和实训教学的关系

在禁毒学专业执法类课程的教学形式选择上，理论教学与实训教学两者之间具有可替代性，无论哪种形式都能对课堂内容进行展现，二者相辅相成。理论教学可以为实训教学奠定理论基础，实训教学又通过对理论进行实操帮助学生理解。理论教学可以重点教授禁毒学专业执法类课程中涉及禁毒法律法规等部分的内容；而毒品检验检测、毒品案件犯罪现场勘查、毒品案件查处等一系列内容由于操作性较强，可以通过实训课程模拟案例情景来进行教学。禁毒学执法类课程相对于其他核心课程而言，其教学内容既可通过理论教学开展，也可通过实训教学开展。因此，禁毒学专业执法类课程就要依托理论课程结合实训课程的教学方式来开展，实现理论教学与实训教学的一体化。这样做的原因在于，无论是理论教

学还是实训教学，其本质都是在培养学生自主学习、自主思考的精神，这也是大学课程的本质要求。同时，这样做的优势在于，一方面，课程能够保证学生们的理论基础，学生在课上能够学习到一定的理论知识，具有一定的理论水平；另一方面，实训教学形式的多样性方便学生对于理论的理解，同时增加课堂的吸引力，学生对于这样的执法类课程更有热情，更能激发自主思考。

（二）实训教学实质化的内涵

我国著名教育家叶圣陶一直提倡“教是为了不教”，这一现代教育理念提倡的就是发展主体、激发动力、促进自学。“他们在当前的环境中有所需求，自然会自己去研究，寻出道理和办法来，还会自己去试验这些道理和办法是否切合实用，来证实它们的价值。经过这样的研究和试验，他们得到的便是真的知识。”①在这种教育模式下，教师应当作为学生的引路人，通过教授基础理论知识，奠定学生自主思考的基础。大学不应当功利主义当头，但在如今的公安类普通高等学校中，由于学校定位有着很强的针对性，面向公安事业发展这一因素成了限制大学精神在公安类普通高等学校中发展的主要原因。因此，禁毒学专业执法类课程实训教学也逐渐发展成为技能培训式的培训课。在实践过程中，同学通过实训课程，进行不断的模拟实训，大多都能将办案流程由规章制度转换为自己的能力，这样的实训课程看似能够收获一定的成效。但是这样的课程也存在很大的弊端，它带给同学的往往是只知其然而不知其所以然，大多数同学在实训课程结束以后，只是明白了如何做，但是却不明白为什么要这样做，这样看来传统实训教学只是让同学们掌握了技能，但是并没有将执法课程的实质传授给大家。并且，在这种实训过程中，老师给同学们的往往是一个事实清楚并且已经处理得当的案例，实训内容也只是去还原案件的侦破过程，将别人已经完成的工作再“演”一遍。在这个过程中同学们往往没有加入自己的思考，只在案件涉及的特有问题上受到了训练。

若讨论何谓实质化，首先要做的必然是将形式化与实质化做出划分，分清究竟什么样的实训课程是形式化的，什么样的实训课程才是实质化的。形式化的实训课程表现为课堂上教师过于注重“训”的内容，在这样的实训课上，同学们往

① 任苏民．叶圣陶“教是为了不教”的理论意蕴与现实意义［J］．教育研究，2017（11）：124－129．

往是被动地去完成老师布置的任务，而缺少自己对整个案情的思考，因此这样的实训课程只灌输了办案操作程序，却并没有让学生真正理解其中所蕴含的精神。这样一来，在当前的实训教学活动中，学生的参与积极性普遍比较差。而实训教学的实质化在于，课程安排的重点不在于“训”，不能将实训教学简单地等同于技能培训。实训的意义是通过模拟处理案件的整个过程来达到促进同学对于理论的理解。同学们应当在实训过程中针对案例背景，提出自己的办案策略，这种办案策略应当体现出差异性，因为对待同一个问题不同的人会有不同的思考方式。提出策略以后，在实践的过程当中必然会遇到各种问题，而解决这些问题所获得的能力就是实质化实训的意义所在。因此实质化实训课程就是侧重于培养学生针对案例提出策略的能力，这样学生在实训过程中对案件的处理才是整体的、全过程的，能力也能得到全方位的培养，而并不只局限于某些特定的能力。

（三）实质化实训教学的体系

实质化的实训教学，首先应该是有规范化的教学内容的，这样的实训教学要把禁毒执法的基本原则、制度、程序必须符合法律精神作为课程内容的核心。因此在实训过程当中应当注意的是在法律规定的范围内我们可以如何办案，可以运用什么策略进行办案。明确禁毒学专业执法类课程实训教学的具体要求，同时，以下两点必须予以考虑。

首先，为什么执法课程可以进行实训教学？执法类课程在公安类普通高等学校中是一类具有特殊意义的课程。第一，它具有重要性。公安类普通高等学校培养高素质的警务人才，而这些警务人才在通过学历教育以后，大多都要进入公安一线进行工作[①]。而执法工作又是公安工作的重要组成部分，因此，在公安教育中执法类课程具有其他课程无可比拟的重要性。第二，执法类课程具有可操作性。执法类课程虽然也传授理论，但是执法理论最终还是要归结到实践之上。在执法工作中，只有程序得当、理论与实践相结合，工作才能做好。所以，执法类课程所传授的理论更多的还需要通过实践的方式才能让学生融会贯通。第三，执法类课程具有多样性。在现实公安工作当中，执法工作的主体有很多种，执法工作的

---

① 当前公安院校毕业生的入警率逐年提高，部分专业还推行入校即入警政策。与此同时，自全国公安院校开展统一招警联考开始，警校生在毕业以后绝大多数进入公安基层岗位工作，这保证了公安院校培养的警务人才都能够为公安机关所用。

客体也有很多种，这也就导致执法工作形式和方法多种多样。而这么多种类的执法工作，仅仅只通过理论形式进行传授，教师授课难度大，学生接受效果也不好。所以执法类课程依托实训教学的方式，通过模拟演练各种不同的案例，能够使学生接触到更多的执法情况，达到执法类课程的授课目的。

其次，执法类课程中的哪些部分可以进行实训？第一，执法类课程中针对执法程序的应用可以进行实训。执法工作具有程序性。在一线执法工作当中，程序得当是对执法人员最基本的要求。执法工作的程序性体现着公安工作的合法性。因此，执法类课程中针对执法程序部分的课程可以通过实训的方式进行传授。第二，执法类课程中警务技能可以进行实训。公安执法工作由于经常面对违法犯罪分子，因此，公安执法工作具有一定程度的危险性。所以，在执法类课程实训教学中对于警务技能的培训也十分重要。训练学生面对危险环境的防范技能，这对于保障人身安全，避免损失执法战斗力具有很大的意义。第三，执法类课程中针对群众工作可以进行实训。随着社会的不断发展，公安执法活动也面临着巨大挑战。在平时的新闻中我们都可以看到，警察进行执法工作的同时，一直受到人民群众的监督，这一方面可以保证公安执法活动的严谨性，但另一方面，也很有可能被居心不善者利用，抹黑警察形象甚至是引发群体性事件。所以在执法过程中学会如何开展群众工作，避免消极情况的发生，也是实训教学中的一个重要内容。

简言之，禁毒学专业执法类课程实训教学，要求在课堂上要注重对执法程序的传授，同时还要结合一线实战工作中可能面临的各种情况，训练警务技能以及在处理问题时与群众的沟通技巧。

三、禁毒学专业执法类课程实训教学实质化的意义

禁毒学专业自1998年被教育部增设为大学本科招生专业[①]始，即一直在公安类普通高等学校中开设。故欲知晓禁毒学专业执法类课程实训教学实质化的意义，必先对公安类普通高等学校的性质有着精准把握。公安院校的办学性质决定着禁毒学专业必然体现以执法类课程为核心课程的教学设计，因此，禁毒学专业人才培养规格也就成为其执法类课程实训教学应当实质化的一个重要考量点。

---

① 在教育部普通高等学校本科专业目录（1998年颁布）中，禁毒学被增补为大学本科专业，学科代码030505W.

（一）由公安类普通高等学校的定位所决定

公安类普通高等学校是指由公安部或省级公安机关直属和管理的、以培养适应社会安全管理需求的公安类人才为主要目标的高等院校。公安类普通高等学校兴起于21世纪初。2000年以前，全国仅有中国人民公安大学、中国刑事警察学院以及中国人民武装警察部队学院三所公安类高等院校。2000年以后，各省属公安院校开始逐步由专科升格为本科，开展本科公安教育，培养警务专业人才。

无论是何大学，只要是现代大学，均有人才培养、学术研究和服务社会三项功能，公安类普通高等学校也不例外。人才培养主要是学历教育，但也包括培训教育；两个公安一级学科的设立标志着公安类普通高等学校的学术化方向，服务社会体现为创新办案手段和智库建设。因此，公安类普通高等学校虽然在办学上有很强的针对性与侧重性，但归根结底，公安类普通高等学校的人才培养目标与其他普通高等院校是一样的。

首先，公安类普通高等学校作为一所大学，首要任务必定是开展学历教育。公安类普通高等学校是以培养适应社会安全管理需求的公安类警务人才为主的职业类高等教育学校。公安类普通高等学校立足于公安工作对人员素质的特殊要求，以应用型人才作为学校的人才培养目标，建设以本科教育为主，专科、本科、研究生教育齐全的本科院校①。公安类普通高等学校一般面向高中毕业生进行招录，考生需报名参加全国高等学校招生统一考试，笔试成绩合格经体育测试体检面试政审合格以后才可被公安院校录取。所以公安类普通高等学校面向公安事业发展，开展普通高等学历教育，为公安机关源源不断地输送高素质警务人才。与此同时，公安类普通高等学校也承担起为各地公安机关提供民警培训的任务。公安院校的改革与发展遵循高等教育发展规律，紧跟社会尤其是公安工作的发展步伐，以公安事业的发展及对专门人才的培养为准绳，满足社会安全管理创新背景下对人才培养模式、教学科研活动和社会服务形式的要求，为已经入职的民警提供阶段性的职后教育，保证公安机关办案人员的理论与技能不落后于社会形势的发展，持续提高警务人员的办案能力。

其次，公安类普通高等学校承载着公安工作学术研究的任务。自公安学和公

---

① 李连梅. 新建公安本科院校的定位与发展探析［J］. 辽宁警专学报，2012（06）：104-108.

安技术学两个一级学科[①]被批准设立起，公安类普通高等学校拥有了公安教育领域内完全属于自己的两个一级学科。两个一级学科的设立对于公安类普通高等学校未来的建设与发展以及公安科学技术的不断创新与完善起到重要作用。同时，这也标志着，公安类普通高等学校由以往的以培养公安专门人才为主逐步向培养人才和协同学术研究共同发展的方向迈进。

最后，公安类普通高等学校面向区域公安事业发展，这是公安类普通高等学校服务社会的具体体现。当前我国公安类普通高等学校大多依托于区域社会经济，资金来源相对单一，这决定了它们天然地承担着为区域经济社会发展服务的职能。他们作为公安类高层次人才、基础理论知识和先进实验仪器设备的聚集地，对地区公安队伍建设和公安工作的改革与创新具有不可推卸的责任，不仅表现为人才和技术的供给，更承担着解决公安工作中的理论与实践问题、引领社会发展，辐射和影响警营文化建设的责任。公安类普通高等学校坚持社会安全管理的发展理念，跟随社会安全管理创新的发展思路，建设以公安队伍建设为目标、以区域安全管理为落脚点的公安类专业院校。[②]

（二）由禁毒学人才培养规格所决定

禁毒学专业是以法学、公安学等传统优势学科为依托，构建以缉毒侦查为主导，以毒品检验和戒毒预防为基础的具有公安禁毒特色的教育教学体系的公安专业学科。该专业培养系统掌握禁毒学的基础理论、基本知识和基本技能，具有从事缉毒侦查及其他禁毒工作能力的应用型专门人才。公安禁毒工作涉及方方面面，包括禁毒情报分析、缉毒侦查打击、易制毒化学品管制、禁吸戒毒康复、禁毒宣传教育、禁毒国际合作、禁毒法律法规建设等许多内容。[③]

禁毒学专业人才培养结合了禁毒专业课程教学和禁毒实际工作需要，建立起“教、学、练、战、研”一体化的禁毒专业人才培养模式。建立起这样的人才培养模式就是为了能够更好地培养出掌握禁毒工作的程序、措施、手段和方法，有运

---

① 2011年3月8日，国务院学位委员会和教育部联合印发《学位授予和人才培养学科目录（2011年）》，正式批准设立“公安学”“公安技术”两个一级学科。

② 李连梅．新建公安本科院校的定位与发展探析［J］．辽宁警专学报，2012（06）：104－108．

③ 陈帅锋，李文君．基于社会实践的禁毒专业人才培养模式的探索与成效［J］．公安教育，2014（02）：61－65．

用缉毒工作的各种技术和手段依法办理毒品案件能力的禁毒专业人才。因此，公安类普通高等学校中禁毒学专业的课程设置必然要重视禁毒专门人才执法理念、思维方式的形成问题。禁毒专门人才的执法理念要以熟练掌握禁毒法律法规为基础，规范执法操作与执法程序。同时在禁毒工作中要结合社会发展，不断开发禁毒执法办案的新思维与新理念。最后，完善禁毒执法方式同样是禁毒学专业执法类课程的重点内容。因此，禁毒执法工作对于禁毒人才提出的要求，也就决定着禁毒学专业执法类课程的设置必然要依托禁毒执法工作理论基础，深入结合实训教学，培养禁毒学专门人才。

（三）为实训教学改革所必需

禁毒实战工作具有多样性、复杂性和特殊性，这也在一定程度上决定了公安类普通高等学校禁毒学专业的课程设置应当结合实际禁毒执法工作的需要，注重培养实战能力以及开展社会实践的重要性。禁毒学专业执法类课程实训教学的开展，目的在于提高禁毒专业学生的实战应用能力，具体体现在以下三个方面。

首先，禁毒学专业执法类课程实训教学注重对禁毒专业学生信息化侦查手段的应用能力的培养。当前公安工作已经步入了公安信息科技时代，执法过程中对于信息化侦查手段的应用比例也越来越高。因此禁毒执法工作同样需要开展执法工作的人员具备这样的能力，这也是信息化侦查课程成为当前禁毒学专业执法类课程的重要内容的原因。禁毒学专业执法类课程实训教学通过缉毒执法多媒体培训软件开展专项技能训练。这种人机结合、模拟实战的训练模式，能够在有限的时间内，进行系统而有效地锻炼禁毒专业学生运用信息化手段的能力。同时，信息化侦查的应用可以将信息化手段与传统手段有机结合起来，逐步提高禁毒专业学生的禁毒执法工作能力，确保其更好地适应未来的公安警务工作。

其次，提高禁毒专业学生的综合执法水平也是禁毒学专业执法类课程实训教学的目的之一。一方面，禁毒学专业执法类课程实训课程中，不仅有针对涉及触犯刑法的毒品犯罪案件侦查，同时也有针对触犯治安管理处罚法的行政执法的实训。禁毒综合实训课程将刑事执法、治安行政执法二者相结合，丰富了禁毒专业学生各专业方向的课程内容。另一方面，禁毒综合实训课程也与其他专业课程间相互衔接与呼应，这样能够填补其他课程实践环节的不足，补充现有禁毒学专业课程体系。

综合公安类普通高等学校的定位、公安专业中禁毒学专业人才的培养规格以及开展禁毒学专业执法类课程实训教学的意义，我们不难看出，复杂多样的禁毒实战工作要求禁毒学专业的学生在进入公安机关从事禁毒工作之前掌握禁毒执法工作的原理以及操作规范，因此，开展实质化禁毒学专业执法类课程实训教学，能够帮助禁毒学专业学生在本科教育阶段就能够掌握相应技能，在未来进入岗位之后能够尽快熟悉禁毒实战工作，迅速壮大公安禁毒战线力量。

四、禁毒学专业执法类课程实训教学实质化的路径

从实训教学实质化的内涵，我们可以得出一个初步结论，即禁毒学专业执法类课程实训教学的实质化改革，目的就在于摒弃以往技能培训式的课堂形式，积极引导学生自主思考，让学生在实训过程中能够自主发现问题并且解决问题，达到不仅知道如何去做，而且明白为什么要这样去做的目的。所以，禁毒学专业执法类课程实训教学的实质化改革必须紧紧把握以下几个方面的内容。

（一）转变教学理念

在以往的实训课程当中，教师往往以操作规范为基本教学内容。课前由教师设置课堂内容，因此这样造成学生学到的都是由教师布置出来的，这样一方面学生所学知识具有局限性，另一方面，这种由上至下的教学模式不能真正调动学生参与实训教学的积极性。因此转变教学理念对于实训教学的实质化改革十分重要。这就要求从教师方面把权限放开，在布置课程内容时不要限定过多内容，在选择一些案例的时候，只交代案发背景，不交代更多的办案细节，甚至可以布置一些“冤假错案”。这样可以使学生在实训过程中真正自主处理，自己发现问题并解决问题。而老师的角色也可以由传授者变为指导者，只针对出现的错误进行纠正。

（二）创新教学模式

当前实训课程大多以“教、学、练、战”一体化为指导思想。执法类课程首先由教师讲授理论知识，之后再布置实训课程对理论加以强化。这样设置的初衷就是以实训巩固理论。但是在实际授课过程中，理论部分内容枯燥，学生学习兴

趣差，因此理论掌握的也不是很扎实。这样在实训过程中还是会出现各种各样的问题，实训教学的意义也没有完全被体现出来。所以，可以将这种教学模式进行创新，由以前的先理论后实训改为先进行模拟案例演练，在演练过程中教师注意记录学生出现的问题，之后再针对所出现的问题进行理论讲解。这种改变的好处就是以模拟演练作为课程的开始，更能吸引同学们投入课堂，同时在演练过程中也能够发现自身问题。之后带着问题去接受理论知识的补充，更能加深印象。

（三）多种教学方法并用

进入信息时代，信息化侦查的应用在执法办案中越来越起到举足轻重的作用。同样，在执法类课程实训教学过程中，也要注重这一方面的培养。禁毒学专业执法类课程的实训教学可以借助禁毒执法多媒体培训软件进行。禁毒执法多媒体培训软件是联合国毒品与犯罪问题办公室开展的多媒体（CBT）项目，是专门为提高打击制贩苯丙胺类毒品犯罪活动的能力而设计的项目，该CBT项目是联合国在全球范围内开展的执法培训项目。UNODC组织世界各地侦查和情报等执法专家，研发了一套人机互动、实景模拟训练和实战技能培训的多媒体执法培训软件系统，该软件系统包括了缉毒、情报、反洗钱等警务基本技能与专业知识，软件内容集声、像、场景、人物动画于一体，有很强的实用性和趣味性。[①]将这一课程加入到实训教学的过程中，可以将执法类课程的讲台由教室、模拟实训场地延展到计算机之上。对于一些在校内受到资金、场地等因素限制而无法开展实训课程的教学内容，通过计算机上的模拟实训向学生进行展示和教学。这样的教学方法可以打破一些局限因素的限制。

同时，在实训课程之前，教师同样可以通过互联网“微课”的形式对下节实训课程的内容进行布置。学生可以借助这样的“微课”视频对下节实训课将要学习的内容进行预习和思考。这种形式也正是借助互联网推进教学形式上的改革，能够提高学生的学习热情与思考能力，丰富实训课程教师的教学方法。

（四）增加实训内容

就目前来看，禁毒学专业执法类课程还是主要依靠理论课程来实现，因此实

---

① 李云鹏. 云南警官学院开展“禁毒执法多媒体培训项目”实训教学的思考［J］. 云南警官学院学报，2013（06）：27－31.

训课程过少，实训的内容不足导致学生难以通过实训将所学到的理论知识进行模拟演练。因此，应该逐步增加实训课程的内容，打破以往只用几节实训课去演练整学期所学内容的局限。可以将课堂完全搬到实训场地当中去，边实训边进行理论讲解。把禁毒学专业执法类课程中的所有内容都融入到实训当中，以实训促理解。

（五）教学主体的转变

笔者认为，禁毒学专业执法类课程实训教学的实质化之根本还是在于教学主体上。现在的实训课堂都完全由教师主导。教师在课堂中就是“导演”，而学生则是“演员”。这样的现状就是“演员”完全听从“导演”的安排，让做什么就只做什么，并没有加入自己的思考。因此，教学主体应该真正从教师转化为学生，实训课堂不应是“填鸭”式的教学，应该引导学生利用好图书馆以及互联网资源，自主寻求答案。教师则只是引导者和问题的指正者。

五、小结

禁毒学专业执法类课程实训教学在禁毒学专业执法类课程设置上占据重要位置，这是因为，禁毒学专业执法类课程较其他核心课程相比，理论课程并不能够完全完成教学任务，很大程度上需要通过实训教学的方式来实现教学目的。但禁毒学专业执法类课程实训教学的现状不容乐观，课程内容空泛，缺少创新内容，学生参与度低，并没有通过实训课程引入深度的思考。究其原因，实训教学流于形式化，学生在实训课上只是在配合教师进行“表演”，教师的授课目的也简化成让学生掌握技能，这样的实训课程失去了其本质意义。因此，当下需要开展实质化的禁毒学专业执法类课程实训教学，摒弃形式化的课堂形式。教师应转变角色，积极引导学生自主思考，让学生在掌握技能的同时，还能够思考禁毒执法的本质，实现实训教学课程设置的意义。

课程思政探索

融思政教育于民法教学的探索与思考

翟业虎　刘荣浩

摘　要　目前，民法课程中融入思政教育仍然存在一些困难。主要表现在教师教学意识对思政教育的弱化、主流教学模式对思政教育的忽视以及学生对思政教育缺乏认同感。由此而言，融思政教育于民法教学的进路可以从两个方面设计：一是提高教师的育人意识，让教师主动参加课程思政教学体系的建设；二是挖掘民法课程中的思政元素，让教师能够潜移默化地在民法教学中融入思政教育。最后，针对进路的设计，民法教学要根据不同情形，灵活运用案例教学法、研讨式教学法和对比教学法，使思政元素自然和谐地融入民法教学中。

关键词　课程思政；思政教育；法学；民法教学

一、引言

上海在多年思想政治教育课程改革的探索中，于2014年提出了“课程思政”的概念。[①]所谓“课程思政”，就是指将思政教育融入专业教学之中，开发利用相关课程的思政资源，充分发挥各门课程的思政教育功能，是“大思政”理念的具体体现，其目的是为了解决专业教学与思政教育“两张皮”的状况，破除高校思想政治理论课的“孤岛困境”。这一概念随后受到我国各党政机关以及教育界的高

本文是首都经济贸易大学2019年党建和思想政治工作课题“融思政教育于民法教学的探索与思考”（项目号02792065260255）的成果。

翟业虎，男，法学博士，首都经济贸易大学法学院教授，硕士生导师。刘荣浩，男，首都经济贸易大学法学院硕士研究生。

① 高德毅，宗爱东．课程思政：有效发挥课堂育人主渠道作用的必然选择［J］．思想理论教育导刊，2017（01）：31－34．

度重视。习近平总书记在2016年全国高校思想政治工作会议中明确指出，“把思想政治工作贯穿教育教学全过程，实现全程育人、全方位育人”“各门课都要守好一段渠、种好责任田，使各类课程与思想政治理论课同向同行，形成协同效应”。[①]如今，“课程思政”的观念已经深入人心，成为高校思政教育改革的必然选择。就法学专业而言，习近平总书记在2017年对中国政法大学进行考察时曾强调，法学教育要“坚持以马克思主义法学思想和中国特色社会主义法治理论为指导，立德树人”，培养大批“德法兼修”的高素质法治人才。[②]因此，很多高校也已经开始有意识地强调在法学专业教学中融入思政教育，但由于缺乏系统化的设计与可供借鉴的教学经验，现实状况并不尽如人意，存在教师“不会教”“不愿教”，学生“不想听”的现象。民法学作为法学专业的核心课程，如果能在民法教学中融入思政教育，将对法学专业的思政教育改革产生极大的助力。因此，本文以民法学授课为例，从民法学授课的现状展开，就思政教育如何融入民法学课堂进行探索与思考。

二、民法课程中思政教育的现状

随着课程思政教学改革的推进，各大法学院也在积极探索融思政教育于民法教学的进路，在这一过程中，种种问题也得以显现，主要体现在以下三个方面。

（一）教师教学意识对思政教育的弱化

虽然课程思政的教育理念已经被教育界熟知，也获得了教育界的一致认可。但是在具体的实践中，由于教学意识的偏差，一些教师认为自己只要负责好专业课的“一亩三分地”就行了，思政育人是思想政治理论课教师的事。而且，在民法教学中融入思政教育意味着教师需要对原有教案进行体系性大范围的修改，费时费力，一些老师为了“省事”，不想“接手”思政教育的任务。

---

① 新华社．习近平：把思想政治工作贯穿教育教学全过程［EB/OL］．［2020－09－13］．http://www.xinhuanet.com// politics/2016－12/08/c_1120082577.htm．

② 新华社．习近平：把思想政治工作贯穿教育教学全过程［EB/OL］．［2020－09－13］．http://www.xinhuanet.com// politics/2016－12/08/c_1120082577.htm．

（二）主流教学模式对思政教育的忽视

民法是调整平等主体之间人身关系和财产关系的法律规范的总称，用以解决人们在日常生活中发生的各项具体纠纷，与人们的生活密切相关，具有极强的实用性。民法教学就需要培养学生对现行法律条文或法律制度本身的理解和运用的能力。因此，我国的主流民法教学教育模式是针对实证法的注释式教学。该模式强调在现行法认同的前提下，围绕法的概念、原则、规则三个要素进行教学。①在这种模式下，民法教学就很少涉及价值观或意识形态等与民法“无关”的内容。而思政教育的载体则恰恰是社会主义核心价值观与社会主义意识形态。因此，主流的民法教学模式不应忽视思政教育的融入。

（三）学生对思政教育缺乏认同感

当今社会竞争压力大、生活节奏快，学生们对待学习普遍比较功利，他们希望习得一技之长以快速满足自身对利益的追求。而思政教育多以社会主义核心价值观和社会主义意识形态为载体展开，体现的是精神层面的塑造，难以快速满足学生们对利益的追求。因此，学生们普遍只关注对自己未来职业发展“有用”的专业知识，认为理论性强、宏大叙事的思政教育与民法无关。更有甚者认为在专业课中融入思政教育会挤占专业学习的时间和精力。此外，社会上个人主义、享乐主义等思潮在不同程度上冲击着学生们对主流意识形态的政治认同，因而也就加深了学生们对思政教育在认识上的偏颇。既然学生对思政教育缺乏认同感，如果不加强教育和引导，强行在民法教学中加入思政教育，不仅起不到思政育人的效果，而且不利于民法本身的教学。

三、融思政教育于民法教学的进路

从前述的现状分析可以看出，无论是教师的教学意识、教学模式，还是学生对思政教育是否认同，其关键在于教师。教师是课程的引导者和教授者，如果教师能够树立“立德树人、德育为先”的教学理念，掌握“灵活施教、润物无声”

---

① 包姝妹．法学专业“课程思政”教学改革路径探析——以《侵权责任法》课程为例［J］．高教学刊，2020（16）：1－5．

的课程思政教学方法[①]，那么自然就易于克服学生对思政教育在认识上的片面性。所以，融思政教育于民法教学的进路可以从两个方面设计：一是提高教师的育人意识，让教师主动参加课程思政教学体系的建设；二是挖掘民法课程中的思政元素，让教师能够潜移默化地在民法教学中融入思政教育。具体展开如下。

（一）增强教师的育人意识

1. 加强制度导向

目前，高校对教师教学质量的评价大多围绕专业教学展开，并没有引领教师进行思政教育。因此，在制度导向上，应当通过对教学评价的科学规划激发教师思政教育的主动性和创造性。具体操作上，改革以往过度偏重专业教学评价、忽视思政教育的教学评价体系，明确将思政教育纳入教学评价体系，[②]合理规划专业教学与思政教育的比重，从而促使教师发挥教学智慧，将教书与育人相结合转化为行为自觉。

2. 加强思政培训

革除固有观念需要长时间系统性的引导。我国高校各专业教师长期以来形成的教学观念就是专业教学即可。要想革除这一观念，需要学校定期召开教学培训，深化巩固教师的育人意识，明确教师教学与育人的双重职责。[③]此外，教学培训也能够起到净化教师思想、巩固教师政治理念、更新思政知识的作用，从而增强教师思政教育的意识及能力。

3. 加强教师交流

大学教师由于科研任务繁重等原因，在教学之余往往很少与同事交流教学经验，造成各个教师在教学上都是单打独斗，无法在本专业中形成课程思政教学改革的合力，即便有所改革也难以取得有效的进展，教师的育人意识也难以树立。因此，笔者建议以各学院为单位，定期进行教学总结沙龙，在轻松活泼的氛围中讨论教学上取得的进步以及遇到的问题。这样既能将有益于推广经验，也能群策

---

① 高德毅，宗爱东．从思政课程到课程思政：从战略高度构建高校思想政治教育课程体系［J］．中国高等教育，2017（01）：43－46．

② 兰婷婷．“法理学”课程思政教学改革模式初探［J］．公安学刊（浙江警察学院学报），2019（02）：107－112．

③ 吴月齐．试论高校推进“课程思政”的三个着力点［J］．学校党建与思想教育，2018（01）：67－69．

群力，共同解决问题。同时，每次沙龙建议邀请思想政治理论课的教师参加，打破学课之间的壁垒，使不同学科之间教师互相理解、同向同行。

（二）民法教学中思政元素的挖掘

1. 民法中各项制度的背景和意义

任何制度都有其独特的社会背景和社会意义。我国民法制度一方面根植于中华民族几千年来的文化传统，另一方面更源于改革开放四十年来中国人民在中国共产党领导下所进行的中国特色社会主义事业的伟大实践。因此，就每一个具体的民法制度而言，立法所体现的价值考量以及立法的技术性设计等，均是很好的课程思政元素。同时，理解法律制度的背景和意义，也能加深学生们对民法价值追求的理解以及正确运用民法规则的能力，应当向学生们重点介绍。例如，《民法典》第 184 条规定，“因自愿实施紧急救助行为造成受助人损害的，救助人不承担民事责任”，充分回应了国人对“英雄流血又流泪”等不良社会现象的关切，有利于弘扬见义勇为的中华传统美德，亦是传递社会主义正能量的重要制度设计。此外，《民法典》第 185 条加强对英雄烈士人格权益保护，有效回应了抹黑历史、伤害民族感情的问题，弘扬了爱国主义精神；将“绿色原则”纳入《民法典》，反映了党保护环境、坚持可持续发展的决心。以上种种，可以说民法的每一项规定都可以从其背景和意义中抽取出思政元素。

2. 民法中各项制度的发展沿革

民法中有些制度并不是一蹴而就的，其存在一个发展完善的过程，教师对此可以具体展开讲述，让学生了解该制度的来龙去脉。这样不仅能够让学生加深对该项制度的理解，也能深入了解党中央治国理政的价值取向。例如，我国民法早期并没有把隐私权确立为一项独立的人格权，只是借助司法解释并通过保护名誉的方式进行间接保护。随着社会的发展，隐私权最终在《侵权责任法》中得以明确规定。隐私权在我国确立的过程，充分体现了党和国家尊重人权与时俱进的特点。此外，人格权是否在《民法典》中独立成编也在学界引起了很大的争论，甚至由单纯的学术争议上升到涉及“颜色革命”等意识形态的争论，[①②]这种学界

① 梁慧星．民法典编纂中的重大争论——兼评全国人大常委会法工委两个民法典人格权编草案［J］．甘肃政法学院学报，2018（03）：1－19．

② 王利明．民法典编纂中的若干争论问题——对梁慧星教授若干意见的几点回应［J］．上海政法学院学报（法治论丛），2020（04）：14－28．

思潮的交锋也可以体现党中央在制度设计中面临的抉择，亦能体现党中央重视保护公民人格权利、坚持“以人为本”的价值取向，能够取得较好的思政教育效果。

3. 民法中各项制度的本土特色

我国现代民法制度承袭自大陆法系国家，但并不意味着我国民法的具体制度就是对国外理论、学说和制度的照搬，而是根据我国基本国情，以解决我国社会问题为导向涉及的法律制度。这在《民法典》的编撰中体现得尤为明显，比如新增居住权以解决非继承人、离婚后需要经济帮助一方的居住问题以及以房养老的问题；明确高空抛物的责任分配，兼顾人道主义与公平公正；反性骚扰立法以防止和制止利用职权、从属关系等实施性骚扰，等等。可以说，我国目前的民法制度系统地整合了自新中国成立以来法律实践所形成的民事法律规范，汲取了中华民族优秀的传统法律文化，借鉴了人类法治文明建设的有益成果，积极回应了中国之问、时代之问，发挥了中国智慧，提出了适应中国国情的中国方案，对世界民法发展做出了中国贡献。[①]教师应当围绕民法制度建设中的中国经验、价值取向，强调中国特色社会主义的道路自信、理论自信、制度自信和文化自信，以“四个自信”坚定学生对中国特色社会主义的法治自信。这也是民法教学中十分重要的思政元素。

4. 法律思维的培养过程

法学包括民法学核心的目标是树立学生的法律思维。所谓法律思维，系指生活于法律的制度架构之下的人们对于法律的认识态度，以及从法律的立场出发，人们思考和认识社会的方式，还包括在这一过程中，人们运用法律解决问题的具体方法。[②] 其本质上是一种认识社会、改造社会的方法论。因此，在法律思维的培养过程中，教师可以将辩证唯物主义和历史唯物主义有机融入。例如在面对“离婚冷静期”等社会争议较大的民事制度的确立时，教师不必急着下定论，可以让学生畅所欲言，发表自己的观点，然后引导学生从辩证的角度理解制度的目的，从而进行利弊衡量，做出合理选择。这样不仅能让学生分辨“善法”“恶法”，做

① 陈楚庭．法学专业“课程思政”教学改革探析［J］．学校党建与思想教育，2020（16）：51－53．

② 陈金钊．法律思维及其对法治的意义［J］．法商研究，2003（06）：62－70．

到“维护善法”“摒弃恶法”，亦能深化学生对马克思主义哲学的认同感，在具体问题的分析中感受到马克思主义哲学的深邃和影响力，将思政元素悄无声息地融入民法课堂。

5. 民法第一课

在高中，学生处于相对封闭的环境中，一心只为应对高考，对社会的认知仍处于初始时期。而步入大学后，学生就要开始接触社会、感受社会，最后融入社会，可以说，大学是学生进入社会前的最后一道关卡，也是学生接触社会的一个窗口。因此，大学时期也就成为学生“世界观、人生观、价值观”塑造的关键时期。笔者在多年的教学中发现，“民法第一课”对塑造学生的“三观”具有十分重要的作用。由于学生都是刚从高中步入大学，各种观念尚未成型，对大学课程正处于好奇热切的状态，此时进行思政教育能够较为容易地给刚入大学校门的学生留下极为深刻的印象。所以，笔者在上第一堂民法课时不急于进行专业知识教学，而是会分享自己从农村放牛娃一步步成长为法学教授的艰辛历程以及自己对时间管理的方法，通过现身说法，达到垂范作用，让热爱学习、顽强拼搏、珍惜时间等思政教育因素在学生心中埋下种子，启发学生沿着正确的方向选择自己的人生道路。此外，笔者在上完第一课后，会让学生写一篇课后感悟，就多年的教学经验而言，由于学生们刚进入大学，不会有太多顾虑，大多都能够畅所欲言。从学生的反馈中可以看出学生的专业选择的动机、大学时间规划、学习目的、人生的远景预期等各方面的内心真实想法，可以为教师今后课程思政教育的展开提供丰富的具有针对性的思政教育素材。

四、融思政教育于民法教学的具体方法

多年的法学教育中，我国逐步形成了以下三种法学教学方法，教师应当结合具体情况，灵活选用。

（一）案例教学法

如前所述，注释教学法是我国法学教育方法的主流模式，强调对现行法律规范进行注释式教学。但我们知道，法律是一门实践性很强的学科，很多规范的制定都是“案子先行”，然后才有相关规范的出台。所以，在讨论某一个制度的知识

点时，可以将与该知识点紧密相关的实践案例带出并详细讲述。如讲授“高空抛物”相关法律规范时，可以带出“高空烟灰缸案”“高空飞刀案”等法律实例，通过视频等多媒体材料，让学生能够感性认识相关规范的产生和发展，从而上升到对法律规范的理性认识。案例教学法一般较适合于讲授制度背景、制度意义等场景。

（二）研讨式教学法

所谓研讨式教学法，就是指教师在讲授具有社会争议的法律制度时，不再单纯讲授现有规范的字面意义，而是将自己置于学生的地位，提出自己对相关制度的看法，并接受学生们的质疑。在这种情况下，教师不再是课堂的权威者，而是自身观点的“守擂者”，教师要激发学生的辩论欲望。在这种情形下，社会中各种价值取向的交锋都能在课堂得以充分显现，某项法律制度的优劣好坏也将得到全面的呈现。与其他教学方法相比，这种研讨教学法更能激发学生的求知欲，更有利于学生的法律思辨思维的培养。同样地，由于学生进行了认真的思考，因而相关政策考量、社会主义核心价值观等思政元素也在潜移默化中融入民法课堂。但值得注意的是，研讨式教学法对授课教师提出了更高的要求，不仅业务知识要十分过硬，还要具备正确完备的思政素养。教师在讨论问题的过程中，要扮演好引导者的作用，时刻秉持社会主义核心价值观，杜绝学生天马行空式的胡思乱想，沿着正确的轨道进行思考讨论。[①]该方法虽然对教师提出了很高的要求，但也可以看出，该方法是十分有效的民法以及思政教育方法，在充分讨论、头脑风暴的氛围中，思政元素更快、更深、更坚定地根植进学生的心中，达到事半功倍之效，尤其在面对社会或学界引起广泛争议的法律制度时，是笔者最为推荐的教学方法。

（三）对比教学法

对比教学法也是民法中常见的教学方法，主要涉及两个方面：一是横向对比，对中外相关法律制度进行比较；二是纵向比较，对一国内部的法律制度变迁进行比较。通过横向对比，将中外类似法律制度进行全方位的解析，找出相似与不同之处，并分析其原因。在这一过程中，具体法律制度的优劣、价值的取向等都能向学生们充分展示，可向学生明确地传达一个信号，即我国民法制度是根植于我

---

① 赵继伟．“课程思政”：涵义、理念、问题与对策［J］．湖北经济学院学报，2019（02）：114－119．

国自身传统与人文地理环境之上的，虽然在大框架上与大陆法系民法制度有类似之处，但又有本质的不同，而且未来发展的前途也不同，因此不能搞拿来主义，盲目移植。也可以看出中国民法体系并不是大陆法系民法制度的简单移植，而是立足本土、博采众长、贡献世界的民法。此外，通过纵向对比，教师应该揭示影响法律制度变迁的经济、政治、社会价值观等多方面因素，在这一过程中可以看出我们党是关心民生，始终代表和维护最广大人民群众最根本利益的党，是始终走在时代前列、人民衷心拥护、勇于自我革命、朝气蓬勃的党，有利于加强学生对党的领导的认同感。因此，比较教学法对学生树立“四个自信”“两个维护”意识十分有效。

五、结语

民法教学中融入思政教育是一项系统的工程。要从加强制度导向、加强思政培训、加强教师交流三个方面来提升教师思政育人的意识；从民法的制度背景和意义、发展沿革、本土特色、法律思维的培养以及民法第一课五个方面挖掘民法中的思政元素以提供思政教育的原料；提供案例教学法、研讨式教学法、对比教学法三种具体的法学教学方法以提高教师思政教学的能力。这样一来，教师才有意识、有能力完成培养社会主义建设者和接班人这一根本任务，培养一代又一代拥护中国共产党领导和我国社会主义制度，立志为中国特色社会主义奋斗终身的有用法治人才。

新时代大学生成长需求背景下课程思政探索
——以“国际法”课程为例

魏庆坡

摘　要　在当前全球百年未有之大变局和中华民族伟大复兴的历史交汇期，培养德智体美劳全面发展的社会主义建设者和接班人是高等教育的历史使命。在发挥思政课主阵地作用的同时，要积极挖掘专业课的思政元素，实现各课程协调育人。基于国际法实质上属于一种利益的博弈与分配规则，结合当代大学生的特点，分析“国际法”课程思政建设的重要性，提出秉承寓思政于“国际法”课程与“国际法”课程承载思政的教育理念。在路径建设上，要求着力提升授课教师的育人理念和育人能力，构建和完善课程思政下的授课模式和流程建设是“国际法”课程思政的依托和载体，并强调在科研中挖掘思政元素是“国际法”课程思政的方向。最后，选取国际法中“引渡制度”之章节作为例证，以期为“国际法”课程思政建设提供思路和方案。

关键词　国际法；课程思政；立德树人；价值引领；人类命运共同体

习近平总书记在2016年全国高校思想政治工作会议上明确提出“各类课程与思想政治理论课同向同行，形成协同效应”，这为高校破除思政教育“孤岛”困境，改变思政教育与专业教学“两张皮”现象提出了要求和思路。法学教育本身就是对意识形态的塑造和完善。当前国际法内容主要起源于西方，带有西方国家尤其

本文系首都经济贸易大学关于2019年党建和思想政治工作研究课题项目研究成果。

魏庆坡，男，法学博士，首都经济贸易大学法学院副教授，硕士生导师。

是美国国内法的痕迹也就不足为怪，如世界贸易组织（WTO）的争端解决程序更是被视为美国国内法的国际化或全球化，这背后体现的是国家利益。基于新时代大学生成长需求，在“全课程、全员育人理念”下，本文拟以“国际法”课堂教学为核心，以环境创设为半径，积极探索在教书育人的主渠道和主阵地中推进思想政治教育。

一、“国际法”融入思政是落实立德树人根本任务的需要

自清末近代西方法学思想传入中国以来，中国的法学受西方法学的影响，我们现有的法学概念、认识框架、学术规范和研究范式、方法论，无一不是“舶来品”[①]，国际法也不例外。当前“国际法”课程也难免沿袭西方主流国际法理论，这就给我们带来了挑战和压力。

（一）国际法渊源渗透着价值基因

依据《国际法院规约》第38条，国际法的渊源主要是国际条约、国际习惯、一般法律原则以及司法判例及各国权威公法学家学说[②]，因此国际法造法的过程实质上是西方欧美国家之间谈判博弈的一个过程。国际法规则背后体现了各方不同的利益诉求和价值取向[③]，尽管国际法并非完全是由政治力量拿捏的玩偶，但这种规则制定模式肯定不会考虑到后加入的国家或地区的利益或关切。

传统而言，国际法的制定主体主要是国家，国家在参与国际法制定过程中必须考虑国际机制、国家和公民，导致国际法规则和运行在很多时候体现出国家利益与人类利益之间的冲突，呈现出“人权”与“主权”之间的张力，表征为“机制”与“任意”之间的分歧，因此，当前国际法更多体现了美国和欧洲等意志的“国家主义”，而非“国际主义”或“人类命运共同体”的法[④]。这就是“国际法二元结构”，要么以“全人类利益”为中心，以全球规则构建作为国际法范式的路

---

① 舒国滢. 中国法理学70年的回顾与展望[EB/OL].[2020-10-19]. http://www.dangjian.cn/djw2016sy/djw2016syyw/201908/t20190822_5229096.shtml.

② 宋杰.《国际法院规约》第38条：起草过程与启示［J］. 国际法研究，2019（04）：33-49.

③ 宫倩. 国际植物新品种保护法律间的利益与价值冲突——兼评我国的保护现状［J］. 内蒙古农业大学学报（社会科学版），2004（01）：24-27.

④ 何志鹏. 国家利益维护：国际法的力量［M］. 北京：法律出版社，2018：26-60.

径，要么以国家主权独立和领土完整为认知方式，构建以弱约束和劝导性为范式的国际法机制。这两种范式都渗透到了国际法治的理念和体系当中，在理论和实践中都有广泛而多样的映射，必然表现对国际法性质、功能和价值存在不同理解而导致的观点和主张的差异，甚至相悖。

（二）中国丰富的国际法声音需要被传播

当然，国际法具有一定的内在理性，代表着国际政治的公平与正义。同时相比其他部门法，"国际法"是一门具有实践性很强的课程，其实践性具有其自身的特色。新时代的中国日益走进世界舞台中央，我国积极运筹国际法来推动构建新型国际关系，促进国际秩序朝着更加公平合理的方向发展①。中国对国际法的理解和贡献都侧重于与其他国家利益的协调和探寻与其他国家的共同价值，这种"胸怀天下"的精神与担当体现在中国长期参与国际事务的实践中，也必将贯穿于当下和未来的国际法实践中②。青年是国家的未来和民族的希望，大学是青年世界观、人生观和价值观形成的关键阶段，也是可塑性最强的时期。教学内容具有多元价值交织、渗透的特点③，单纯或过度依赖思政课价值引导的局限性日益凸显，这对国际法教学提出了思政要求。

因此，在国际法教学中不仅要培育新时代大学生的专业素养，更应涵盖对国家人文精神的感悟，将"知识传授"与"价值引领"相融合，为"法治中国"培养"德法兼修"的建设者和接班人。

二、新时代大学生学情特点分析

"国际法"课程应深度挖掘"思政基因"，透过国际法规则发掘背后的人性考量和价值关怀，使社会主义法治理念和维护国家利益的坚定信念内化于新时代大学生之内心。首先，要研究当代大学生的特点，遵循大学生的认知规律和成长规律，从而增强课程思政教育的针对性和实效性。

---

① 何志鹏．非常时期的国际法价值——困顿与突破［J］．中国法律评论，2020（04）：12－21．

② 何志鹏，都青．新时代中国国际法治思想［J］．国际关系与国际法学刊，2018（8）：1－46．

③ 何玉海．关于"课程思政"的本质内涵与实现路径的探索［J］．思想理论教育导刊，2019（10）：130－134．

（一）知识结构特点

本课程的授课对象为法学专业本科二年级学生。通过大一整个学年和大二上学期的系统学习，他们已经掌握了法理学、宪法、刑法、刑事诉讼法等课程的知识，拥有了一定的法学知识积累且具备了一些法学思维和法学理性思考能力，基本具备了本节课所需要的基本知识。

虽然大学生的知识结构还受到自主学习和家庭教育的影响，但学校课程设置对大学生知识结构的形成影响显著。据调研，当代大学生在基础知识和知识广度上拥有优势，但对专业知识前沿和精深上存在不足①，而课程设置深度和特色能够显著拓展大学生的专业知识，尤其是课程与实践结合的紧密程度是教学中对知识结构各个维度影响最为显著和首要的因素。基于此，“国际法”在教学中应构建科学合理的授课体系，注重专业知识中思政因素的深化，特别是价值引领，国际法知识的进一步精深、前沿化和特色化，重视理论知识与实训案例的结合，建立健全课堂教学与比赛实训有效融合体系。

（二）思维方式特点

当前大学生知识储备增长带来思维模式独立，认识能力开始逐步转向辩证思维。由于首都国际化环境，大学生视野广阔，思维形式和思维方法更加多元化，追求性格多元化发展。不过大学生处于人格、知识和能力的发展阶段，社会转型期增强了大学生思维的开放性和跳跃性，但思维的发散性还有所不足。

在新理念和新技术的冲击下，他们可以随时从智能手机中获取信息来充实自己的大脑，形象思维具有深刻性和批判性。但是他们崇尚自我意识，强调个性，思维方式单一，系统性逻辑思维能力缺乏，导致评价事物时标准不确定、主观性强②。由于对国情和民情了解不够，致使他们在分析社会问题时往往失之于偏狭，看法和行为往往表面化和简单化。

（三）学生群体特点

互联网的快速发展为大学生提供了便捷的信息和知识获取渠道，他们也是网

---

① 朱丽叶，阳林．大学生知识结构现状及影响因素研究［J］．黑龙江教育（高教研究与评估），2017（09）：48－51．

② 郝东超．基于大学生特点的第二课堂实践育人路径［J］．西部素质教育，2019（21）：175－176．

络活动参与者和传播者，作为“网络公民”的大学生的世界观和人生观直接受到网络信息的影响[①]。值得注意的是，网络信息获取的便捷性和快捷性帮助大学生迅速开阔视野和发展心智，但这种快节奏“浅阅读”让大学生在获取信息的同时缺失了读书带来的内容理解与感受内馈。

网络构建虚拟世界的沟通塑造了大学生的虚拟人格，一定程度上影响了学生在现实生活中与他人的沟通与交流。当代大学生这种群体特点对“国际法”讲授教师自身学识修养水平、师生互适等提出了新的挑战和要求，这是当前大学法学课堂不可回避的一个重要问题。

此外，国际法虽然在当前国际社会中扮演着重要的角色，是国与国之间交流的一门“通用语言”，但在大学生日常生活中则显得有些“遥不可及”。同时，相比民商法、刑法等国内法的强大执行性，国际公法是不是法经常被学生质疑。本科大二的学生身心都处于成长阶段，如何让学生对国际公法产生兴趣本身就存在一定挑战，现在要将思政因素融入其中并让学生深刻感受到国际法的魅力和生命力所在更是本课程的一大挑战。

三、国际法教学中实施课程思政的可行性分析

中国古代，唐朝的《唐律疏议》开启了国际法的萌芽，清末更是在国际法适用上认可了权威最高公法学家学说[②]。从新中国成立以来，我国的外交经历了一个曲折发展的历程，从坚持独立自主的外交立场到维护国家和人民利益的外交出发点，从反对霸权主义、维护世界和平的外交目标和任务到“后冷战时代”构建“伙伴关系”的自主选择，再到打造“人类命运共同体”的新时代外交方向，中国没有盲从西方所谓“普世价值”，秉承“人类命运共同体理念”[③]，坚持以更加主动和积极开放的姿态加强与世界合作[④]。中国参与国际事务的丰富实践为国际法教学提供了丰富教学素材，当前国际法教学应坚持“以本为本”，结合当代大学生特点，把课程思政建设作为落实立德树人根本任务的关键环节，深入挖掘中国在

---

① 吕遊．当代大学生特点与理想信念教育创新［N］．河南日报，2020－01－15（011）．

② 王立民．唐律"化外人相犯"条属于国际私法的质疑——兼论唐律的唐朝刑法典性质［J］．法学，2017（08）：97－111．

③ 刘建飞．人类命运共同体的形态、基本特征与核心要义［J］．国际问题研究，2020（01）：31－39．

④ 孔庆江．习近平法治思想中的全球治理观［J］．政法论坛，2021（01）：3－9．

推动国际法演进及促进世界和平发展中的“大国智慧”“大国力量”，增强大学生的自豪感。

（一）结合当代大学生特点应对举措

结合当代大学生知识结构、思维方式和群体特点的分析，“国际法”授课教师要以以下方式激发学生学习兴趣，引导学生成为学习主体，培养客观理性法学思维和分析解决问题的能力。在授课过程中，要基于高等教育“育人”的本质要求，牢固树立“课程思政”的核心理念，强调在“国际法”课堂教学中嵌入中国国际法治观引导，不断提升思政教育的有效性。思路上，通过科学的课程设计和有效的教学环节，既要在价值传播中凝聚知识底蕴，又要在知识传播中强调价值引领。

（1）结合学生特点做好备课工作。积极搜集学生感兴趣的爱国题材资源，并借助多媒体手段等方式适时穿插于教学之中，通过图形、文字、视频、音频、动画等多种教学方式以提高教学表现力，借助“雨课堂”“学习通”等手段突出重点，同时将抽象的道理具体化，突出重点，化难为易。将“国际法”中抽象、生涩、陌生的知识直观化、形象化，激发学生学习兴趣，调动其主动学习的积极性。

通过课堂上积极的启发式提问和小组讨论等，让学生在主体意识中构建知识体系，在复习回顾过程中，借助正确引导，提示学生关注本节课的重点和难点内容。同时布置课后思考题和阅读材料，激发学生对下节课学习的兴趣。

（2）提升教学成效，详略得当，分清层次，重点突出。国际公法教学中侧重基础理论理解，也注重对具体法律规制和制度的分析，因此课堂教学要借助小组讨论帮助学生掌握具体引渡规则和实践的差异。对于一些重点原则和规则内容要结合案例进行讲解，帮助学生提升对抽象概念和法律关系的理解和掌握。

授课教师要明确自身的主导地位来发挥学生的主体作用。通过角色扮演、竞赛机制、小组讨论等提升课堂互动性，通过语言和肢体动作的引领，启发和引导学生参与课堂教学，调动学生的积极性、主动性思维，进而培养学生分析和解决国际法问题的能力。

（3）发挥互联网信息渠道作用，时刻关注国际社会变化动态，始终围绕教学内容遵循针对性、时效性、适宜性、拓展性来收集时事案例。利用网络的便捷性帮助大学生及时关注国际社会，跟进国际公法领域中的一些时事新闻和案例报道，帮助学生了解和追踪当前国际公法领域的问题，激发学生学习积极性和主动性。

理论与实践齐抓，注重渗透式教学。在讲解领海制度中军舰通过时，基于当前各国对军舰平时通过权的两种主张，结合中国的立法和实践，讲述当前国际上一些学说和我国的一些具体做法，理论联系实际，让学生了解学术前沿，加深学生对课堂理论学习的理解和掌握，由理论再回到实践。

最后，新时代大学生不仅渴望专业知识，更亟须形成与国家发展、时代进步相一致的价值理念、个性品质，从家国情怀和法治中国的角度来审视和思考问题，树立社会主义法律信仰，自觉肩负使命担当。“国际法”课程思政建设旨在确保学生获得专业知识的同时形成正确的价值观，实现全员全程全方位育人。

（二）“国际法”课程思政建设之理念

“国际法”课程具有专业性、理论性、实践性和准思政课程的多重属性。理念上，基于高等教育“育人”的本质要求，牢固树立“课程思政”的核心理念，强调在国际法课堂教学中嵌入中国国际法治观引导，不断提升思政教育的有效性。同时，通过科学的课程设计和有效的教学环节，既要在价值传播中凝聚知识底蕴，又要在知识传播中强调价值引领。

在当今世界面临百年未有之大变局背景下，面对美国等西方国家单边主义、保护主义和逆全球化的举动，中国坚定捍卫多边主义和自由贸易，推动全球治理体系朝着更加公正更加合理的方向发展，成为世界乱象中的中流砥柱[①]。维护联合国宪章和原则的前提下，为国际治理提供了一系列具有开创性、引领性和机制性的成果，体现了负责任大国的世界担当，为正遭遇保护主义和单边主义逆流的国际乱局注入了正能量，也为受新冠肺炎疫情影响而持续衰退的全球经济走向复苏注入了更多信心。在国际法讲授中，授课教师要准确把握中国从站起来、富起来到强起来的时代脉搏，引导和培育学生的强国意识[②]。在讲授国家主权、安全、发展利益时培养学生决不允许任何势力侵犯祖国神圣领土的坚定意志。让其意识到我国当前所处外部环境整体向好，但也面临一些困难与挑战，引导学生理解中国发起“一带一路”倡议是为了推动沿线国家国际合作，打造国际合作新平台，增添

---

① 毛瑞鹏. 多边主义与中国的联合国外交［J］. 国际问题研究，2020（05）：109－124.

② 杨守金，夏家春. “课程思政”建设的几个关键问题［J］. 思想政治教育研究，2019（05）：98－101.

共同发展新动力。

四、国际法教学中实施课程思政的路径探究

中国在参与国际事务中积累的重要经验，也为国际社会治理积极贡献了中国智慧、中国思路和中国方案，这为“国际法”课程思政建设提供了丰富素材。“国际法”课程思政的教学改革本质上是在马克思主义及其中国化成果的科学指导下，帮助学生从家国情怀和法治中国的角度来审视和思考国际问题，充分理解并掌握国际法的知识和精髓，同时，培养学生的爱国情操和道德品质，树立社会主义法律信仰，自觉肩负使命担当。

首先，教师的育人理念和育人能力是“国际法”课程思政的关键。授课教师具备马克思主义知识，认真学习贯彻习近平总书记的重要论述和讲话精神，切实增强责任感、使命感[①]。“国际法”授课教师始终坚持以“立德树人”为根本任务重新编排教学内容，准确把握当代大学生的思想、思维、认知和成长规律，着力解决教学的亲和力和针对性问题。充分发挥“学习强国”的优势，按照习近平总书记的要求，争做“有理想信念、有道德情操、有扎实学识、有仁爱之心”的“四有”好老师，做学生锤炼品格、学习知识、创新思维和奉献祖国的引路人。将社会主义核心价值观教育融入日常、抓在教学，自觉践行“忠诚不倦、业务精湛、挚爱学生、率先垂范”师德标准。

同时，要加强培训研修，增强课程思政建设能力。授课教师要不断更新教学理念，探索授课新模式和新方法，更要积极参与集体备课和红色培训，着力提升理论素养，进而把思想引领和价值塑造融入日常教学全过程。完善授课教师所在教研室集体备课制度，教师应结合新思想深入挖掘提炼各门课程中蕴含的思想政治元素。发挥“课程思政”的育人功能，将专业课教学与思想政治教育有机融合。与此同时，将“课程思政”作为党建和思想政治工作课题研究的重要内容[②]，真正让党建课题研究助力提升“国际法”授课教师思政课程建设的能力和实效。

---

① 胡洪彬．课程思政：从理论基础到制度构建［J］．重庆高教研究，2019（01）：112－120．

② 韩宪洲．深化“课程思政”建设需要着力把握的几个关键问题［J］．北京联合大学学报（人文社会科学版），2019（02）：1－6，15．

其次，授课模式和流程建设是“国际法”课程思政的依托和载体。将专业课程思政改革与人才培养目标相结合，将“德法兼修”的育人理念融入教学全过程。教学看似简单，实则是一项高度复杂的活动，不仅要求授课教师有良好的师德、渊博的专业知识以及能够吸引学生的教学风格和个人魅力，还要调动各方主体尤其是学生积极参与其中才能取得良好的课堂教学效果。在“国际法”教学中，要确立以问题为导向，以“问题”贯穿整个教学过程，从而提升整个课堂教学的逻辑性和连贯性。问题导入多以1分钟左右的时事新闻，快速吸引学生的注意力，然后引导学生进行简短课堂讨论。教师针对学生讨论进行快评后讲解理论知识和专业知识，并从知识和规则背后提取不同派别或国家的立场与主张，理解不同立场背后的价值取舍，引导学生坚定理想信念、筑牢家国情怀。

同时，授课教师要精选教学内容，深度挖掘核心环节的课程思政。“国际法”教学中要逐渐挖掘重点和亮点的“思政因子”和“思政元素”，这要求思政点不仅要紧扣专业知识，而且要联系和回应当前重大时政热点问题，及时帮助学生避免陷入一些思维误区和认识盲点。如在讲解“外交保护”内容时，作为资本输入国，中国应对“一带一路”大多数沿线国发展水平参差不齐和法律体系不够完善带来的投资风险有所关注；双边投资协定（BIT）成为当前推进投资保护的一种方式，但中国尚未与沿线所有国家签署BIT，已经签署的20个BIT尚未生效，而且已生效中的BIT保护标准普遍低下。作为传统保护投资的方式，外交保护是中国推进“一带一路”建设保护海外投资的重要方式。结合当前“关系之治”，帮助学生理解我国与“一带一路”沿线国家一对一签署BIT的缘由及考虑，引导大学生了解国际法规则并发掘其背后的人性考量和价值关怀，使社会主义法治理念和坚定维护国家利益的信念内化于心。

最后，在科研中挖掘思政元素是“国际法”课程思政的方向。授课教师要积极开展各项科研活动，以国际法科研反哺教学。当今世界正经历百年未有之大变局，人类命运共同体的构建为国际法注入了新思想，推动了国际法理论的发展，“一带一路”建设又为国际法的发展带来了新的思路和发展[①]。如前所述，“国际法二元结构”是当前“国际法”课程无法回避的问题，习近平总书记提出“构建

---

① 李鸣．国际法与“一带一路”研究［J］．法学杂志，2016（01）：11－17．

人类命运共同体”理念立足中国及全球视野，推动世界进步、增进人类福祉，在参与全球治理的同时推动实现各国共同发展。构建人类命运共同体理念从国际、国家和人类三个层面构建了立体化价值体系，为各国共识和利益提供了交汇点，对于构建中国国际话语体系具有重要战略意义。

面对发展契机，国际法教研室要围绕人类命运共同体的构建、中美经贸摩擦以及“一带一路”建设等问题积极申报课题，撰写相关论文。通过将国际法新思想、新理念、新做法作为研究对象，阐述和分析中国立场、中国观点、中国思路、中国智慧以及中国方案，进而构建中国自身的国际法话语体系与学术立场，实现中国话语权的法治化①。如此一来，助力中国正确运用国际法维护自身合法权益，推动国际法良性和正向发展的同时，也将这些研究内容作为教学内容的升级版，促进师生自尊、自信、自立、自强，尤其让学生感受到了中国提出“构建人类命运共同体”理念对世界和平的极大价值，不仅帮助当代大学生理解了中国的立场和主张，引导其树立了正确的价值导向，也赋予了他们理性和平的心态和高尚的审美情操②，从而实现了科研反哺和对学生的“全人”培养。

五、“国际法”中“引渡制度”章节之探讨

（一）本节授课基本内容

本节课讲授第八章“国际法上的个人”中的第四节“引渡制度”，主要讲述国际法上的引渡制度概念和引渡适用的一般原则问题。

1. 引渡的定义和法律依据

本部分从引渡制度的历史发展引出引渡的定义和法律依据。最早期的引渡制度基于对叛逃者和逃兵的追捕，后期产业革命和启蒙运动兴起，强调不同政见的人应获得保护，引渡对象变为普通刑事犯罪者。借助《电影湄公河行动》的照片，引出引渡的具体定义。具体实践中，实现引渡主要有三种途径：条约、公约和友好协商。国际法上，国家没有必须引渡的义务，除非另有条约规定。引渡是国家刑事管辖权的延伸，是对属地管辖权和属人管辖权的协调。

---

① 杜焕芳，李贤森．人类命运共同体思想引领下的国际法解释：态度、立场与维度［J］．法制与社会发展，2019（02）：171－186．

② 王柏松．“国际政治学”课程思政的价值意蕴与实践路径［J］．现代职业教育，2019（27）：90－91．

2. 引渡的基本内容

引渡的规则主要从引渡的主体、对象、条件、目的等方面讲解具体规范，并强调引渡是国家的主权行为，因此主体只能是国家，而不能是国际组织和个人；民事案件当事人和证人也不能成为引渡的对象，双重归罪条件是法无明文规定不处罚原则的必然要求。结合我国的“天网行动”，讲解引渡直接目的是追究犯罪人的刑事责任，最终目的是为了避免逃亡外国的罪犯逃避应有的惩罚。并指出条约前置主义限制了引渡合作的范围，使一些罪犯不能得到及时惩处，也对本国的罪犯引渡带来障碍。

3. 引渡适用的一般原则

现代意义上的引渡制度起源于18世纪的欧洲，至今国际上逐渐形成了一些普遍接受的原则和规则，但是，也有一些原则存在着不同的认识。引渡首先需要确定可引渡之罪、可引渡之人、可引渡之地。引渡属于一个国家的主权行为，是一项国际司法协助的重要制度。双重犯罪原则一般是指国内法而言，强调对被请求国和引渡对象的权益的保护。政治犯不引渡原则形成于法国资产阶级革命，是普及程度最高的，也是法律地位最高的原则。但由于含义和范围缺乏明确性，且主要由请求国决定，致使该原则容易被歪曲或滥用。死刑不引渡原则在保留死刑的国家容易产生发展冲突问题。或起诉或引渡原则一定程度上保证了对一些无法引渡的犯罪分子予以惩罚。

4. 中国实践

我国于1993年同泰国签署了第一个双边引渡条约，并于2000年制定了《引渡法》。截至2018年2月，中国已同世界上50个国家签署了双边引渡条约，但与美国、加拿大等主要西方国家尚未签署引渡条约。而且我国《引渡法》对双重犯罪原则的例外，政治犯不引渡原则中未将恐怖主义、共谋及有组织犯罪排除，保留死刑对引渡的影响等。结合中国当前的追逃追赃活动和双边引渡条约的现状，以及赖昌星案等引渡实践，我国应积极加强与其他国家的交流与协作，扩大引渡条约的签订范围；对内要完善相关的司法制度，积极与国际接轨，为引渡制度的发展扫除障碍和奠定基础。

（二）本节课教学目标

1. 知识层次

根据学生的认知规律，通过视频导入和案例分析等方式帮助学生熟练掌握国家主权原则下，引渡制度有助于扩展国家管辖权，是国家有效行使管辖权和制裁犯罪的重要保障。帮助学生理解和掌握引渡的概念、规则，以及引渡制度的原则等框架体系。

2. 能力层次

培养学生构建引渡制度的知识体系和逻辑构造能力，从请求国和被请求国两个角度进行分析，培养学生法律分析和推理能力。结合案例，把已学过的引渡制度知识体系创新性地运用到中国引渡案例当中，锻炼学生理论联系实际的能力和独立思考的思维能力。

3. 思维层次

在知识层次和能力层次的基础上，培养学生的理性思考精神。结合历史发展，引导学生透过引渡制度科学、全面认识其背后的理念、逻辑和价值取向。秉承“人类命运共同体”的理念，提升对引渡制度思考，理解并掌握我国引渡制度的规则条款和价值理念。

（三）本节课教学重点

1. 引渡的规则

引渡的规则，即引渡制度的一些具体行为规范。这既是本节课的核心内容，也是教学的难点，对于理解和掌握引渡制度具有重要意义。在课堂讲授过程中需要重点讲解，为后续研修分析引渡案例奠定基础。

教学策略：采用多种教学手段，依托历史小故事、小案例讲解引渡规则，有效提高课堂教学效率，构建高效课堂。借助视频、图片、图表、案例等将教学内容“鲜活”呈现，便于学生学习、理解和掌握。同时，穿插一些法考真题选项，辅助和强化学生对引渡制度的理解。

2. 引渡的原则的适用及延伸

国际公法具有很强的应用性，其规则体系构建强调对实际问题的解决。引渡适用中一些原则对于学习、理解和适用引渡制度具有重要作用，是了解和掌握引渡规则之后更为重要的教学重点。

教学策略：合理综合运用多种教学手段和教学方法，强调学生的学习主体性，积极引导学生参与课堂讨论，有效提升课堂教学效果。结合引渡案例和“布鲁诺”历史故事，生动讲解引渡中的政治犯不引渡原则历史由来和当前引渡中政治犯标准已被歪曲的问题，引导学生思考该原则背后的价值取向，并鼓励学生对中国引渡制度中的问题提出建议，提升学生运用所学解决实际问题的能力。

（四）学生特点分析与应对措施

1. 学生特点分析

（1）知识结构特点

本课程的授课对象为大学本科二年级学生。通过大一整个学年和大二上学期的系统学习，他们已经学习了法理学、宪法、刑法、刑事诉讼法等课程，拥有了一定的法学知识积累且具备了一些法学思维和法学理性思考能力，基本具备了本节课所需要用到的基本知识。

（2）思维方式特点

当前大学生知识与视野广阔，追求性格多元化发展，表达情感直接、直白。在新理念和新技术的冲击下，无论走路还是乘车空闲，他们可以随时从智能手机和笔记本电脑中获取信息来充实自己的大脑。但是他们的思维方式单一，系统性逻辑思维能力缺乏，主动参与的积极性不足。

（3）实践特点

国际公法虽然在当前国际社会中扮演着重要的角色，是国与国之间交流的一门“通用语言”，但在学生日常生活中则显得有些“遥不可及”。同时，相比民商法、刑法等不同国内法的强大执行性，国际公法是不是法经常被学生质疑。本科大二的学生身心都处于成长阶段，如何让学生对国际公法产生兴趣，并深刻感受到国际公法的魅力和生命力所在是本课程的一大挑战。

（4）学生群体特点

当前大学生最大的特点是网络的重要使用者，也是网络活动参与者，更是网络信息的吸收者和传播者。网络信息在当代大学生学习和生活中扮演着重要角色，甚至直接影响到他们的世界观和人生观的养成。互联网信息推动了国际实践和新闻时事的传播，如何借助互联网信息来推进国际公法领域中的教学是当前大学法学课堂不可回避的一个重要问题。

2. 应对措施分析

基于上述对学生知识结构特点、思维方式特点和实践特点的分析，授课教师拟采取以下方式激发学生学习兴趣，引导学生成为学习主体，培养客观理性法学思维和分析解决问题的能力。

（1）结合学生特点做好备课工作。积极搜集学生感兴趣的素材，并借助多媒体手段等方式适时穿插于教学之中，通过录像、幻灯片、图片等多种教学方式以提高教学表现力，直接完成教学任务，并调节课堂教学气氛。将国际法中抽象、生涩、陌生的知识直观化、形象化，激发学生学习兴趣，调动其主动学习的积极性。

（2）提升教学成效，详略得当，分清层次，重点突出。对于引渡制度历史和主体、对象等可以简单展示直观图，使学生快速了解内容。对于引渡中的政治犯不引渡、双重犯罪原则等重点内容要结合案例进行讲解，帮助学生对抽象概念和法律关系的理解和掌握。

（3）发挥学生学习主体作用。授课教师要明确自身的主导地位来发挥学生的主体作用。通过角色扮演、竞赛机制、小组讨论等提升课堂互动性，通过语言和肢体动作的引导，启发和引导学生参与课堂教学，调动学生的积极性、主动性、思考性，进而培养学生分析和解决国际公法问题的能力。

（3）发挥互联网信息渠道作用，时刻关注国际社会形势动态，始终围绕教学内容遵循针对性、时效性、适宜性、拓展性来收集时事案例。利用网络的便捷性帮助大学生能够及时关注国际社会，跟进国际公法领域中的一些时事新闻和案例报道，帮助学生了解和追踪当前国际公法领域的特点问题，激发学生学习积极性和主动性。

（五）教学方法和教学手段

国际公法具有较强的理论性，教学方法要坚决摒弃传统的知识点罗列，避免教师唱“独角戏”，力图在知识讲解中发挥教师的主导作用和学生的学习主体作用，充分处理好教师教的方法（教授法）和学生学的方法（学习方法）两个方面的问题，实现有效、高效的课堂教学。

1. 教学方法

（1）知识点精讲教学法

结合学生思维灵活发散的特点，应避免填鸭式的满堂灌，而应帮助学生从国际公法的学科特点和学科体系进行启发性和互动性教学，积极引导学生参与归纳和构建知识体系和逻辑结构。结合经典案例和新闻事实，鼓励学生进行分析和研究。

首先，课堂精讲知识点，运用多媒体技术，将图形、文字、视频、音频、动画等直接作用于学生的多种感官，借助“变色”“闪烁”等手段突出重点，同时将抽象的道理具体化，突出重点，化难为易。进而激发学生的学习兴趣，确保学生能够持续集中注意力，保持主动学习，达到提高学生多方面能力的教学目的。

其次，为激发学生兴趣和培养学生学习研究精神，引导学生将已学到的引渡中的法学理论和基础知识去分析国际经典引渡案例，让学生了解和研究现实中引渡做法，加深其对引渡制度的程序和原则的认识，将抽象理论知识转化为生动的案例事实，提高学生分析和研究引渡事件的能力的目的。

最后，通过课堂上积极的启发式提问和小组讨论等，让学生在主体意识中构建知识体系，在复习回顾过程中，借助正确引导，提示学生关注本节课的重点和难点内容。同时布置课后思考题和阅读材料，激发学生对下节课学习的兴趣。

（2）行动学习教学法

国际公法教学中侧重基础理论理解，也注重对具体法律规制和制度的分析，因此课堂教学要借助小组讨论帮助学生掌握具体引渡规则和实践的差异。

课堂教学中，授课老师发挥主导作用，让学生扮演主体角色，以了解和掌握规则为导向，通过行动学习讨论的载体，通过讨论分析提升对引渡规则和实践的理解和分析能力。

虽然同为《联合国反腐败公约》成员国，但中美之间尚未达成引渡条约，在引渡问题上的分歧也比较突出。在了解引渡概念和规则后，将学生分为三个组别，分别让他们充当中国、美国和“联合国”的角色，寻找各自“身份”后的引渡规则和实践，对差异性进行对比讨论，并对中美两国引渡合作可能面临的问题进行分析，鼓励学生提出一些建议，进而在参与过程中获得引渡的相关知识。因此，通过课前准备和集体协作，其行动学习能够锻炼学生的沟通协调能力和文献检索能力，提高学生对中国、美国和《联合国反腐败公约》中引渡制度规则差异和问题的认识和理解。

（3）案例研讨教学法

案例教学能够赋予枯燥理论趣味性和吸引力，侧重开放性和互动性。通过讨论与争论、互动与交流，结合理论分析，将案例中的信息和知识与各种观点碰撞，引发学生的共鸣与兴趣，进而得出富有启发性的理论或思维，提高学生对引渡制度规则的理解和分析运用能力。

在引渡制度开讲之前，播放 2017 年热播电视剧《人民的名义》中的情节（祁同伟向高育良汇报丁义珍出逃保险杠底部情况）。借着视频中提到“引渡制度”和“中美之间没有引渡条约，中国很多贪官都往美国跑”，提问什么是引渡制度？引渡制度有什么规则原则？顺势引出本节课内容“国际法上的引渡制度”完成课程导入。

对于引渡的规则理解，援引“张振海劫机案”，在主体方面、对象方面和法律依据方面进行分析，帮助学生快速准确理解引渡制度基本规则和要求。运用赖昌星和杨秀珠案讲授加拿大、美国等坚持“条约前置主义”，阻碍了引渡活动开展。借助“哈格特・艾斯勒案”讲解双重犯罪原则，分析英国之所以拒绝美国的引渡要求，是因为英国对此种行为并不认为是伪证罪。当前对双重犯罪的解释原则由具体解释向抽象解释发展。

基于引渡制度发展，借助布鲁诺讲授早期引渡主要来源于君主自身意愿，而不是国内的立法规定。随着产业革命和启蒙运动兴起，基于人权保护的政治犯不引渡原则开始获得认可。但主要由于政治犯的含义和范围缺乏明确性，且决定权主要由被请求引渡的国家决定，导致该原则适用中出现一些问题。美国早期坚持“政治动乱伴生说”，这实际上是为了防止该原则滥用，在与英国签署的引渡协议中明确了 10 类不属于政治性质的引渡行为。在结束阶段，让同学们结合本节课学习的国际法上的引渡制度的知识体系和逻辑结构，对杨秀珠案引渡障碍进行分析。下一节课进行课题展示和讨论分析。

2. 教学手段（重点、难点分析以及解决方法）

第一，教学重点。

（1）理解并掌握引渡制度中的双重犯罪原则，并理解双重犯罪原则的解释方式由具体解释发展到抽象解释，从而达到正确理解“引渡制度是属人管辖权与属地管辖权的协调体系”的目的。

（2）理解并掌握罪行特定原则和再引渡问题，引渡制度是贯彻刑事诉讼中的一案一审制度的具体体现。帮助学生掌握确立该原则，是为了防止引渡权的滥用，以及可能由此造成的对被引渡人的政治迫害和刑事诉讼中的不公正待遇。

（3）理解并掌握政治犯不引渡原则，死刑不引渡旨在保护引渡对象，即犯罪人的人权，与废除死刑及限制死刑保护人权的目的殊途同归。让学生理解引渡制度设计背后的控诉犯罪与人权保障相协调的初衷，进而实现对具体案例的学以致用。

第二，教学重点及针对性设计。

难点 1：法学知识点枯燥，学生容易注意力不集中。学生如何准确快速掌握引渡制度的基本规则，并厘清主体、对象和法律依据之间关系，同时整合这些知识构建引渡制度的基本框架和逻辑体系。

解决难点 1 的方式。

（1）通过图片、数字、动画演示、视频等帮助学生快速了解和掌握引渡制度的体系架构和基本规则（如引渡制度中主体必须是国家，被请求国的具体类别）。

（2）运用幽默风趣的语言，帮助学生快速构建对引渡制度的初步印象和准确理解（如“国家之间的游戏”“三国抢人”“三民主义”和“约惠渡人”等具体概括如下内容：引渡制度的主体主要是国家；请求主体主要包括罪犯本人所属国、犯罪发生地国和受害国；引渡的对象主要包括请求国的国民，被请求国的国民和第三国的国民；公约、条约或友好协商是引渡的法律依据）。

（3）课后习题中，让学生对引渡案例中的主体、对象关系和法律依据进行分析，运用所学知识进行案例分析，在分析过程中提高、促进学生全面发展。

难点 2：对于抽象的引渡制度，如何帮助学生理解引渡制度中的一些重要原则，如政治犯不引渡原则、双重犯罪原则、罪名特定原则等。

借助案例和法理分析，帮助学生理解重要原则。结合引渡历史发展，如古埃及和赫梯国引渡条约，布鲁诺被烧死案例说明早期引渡对人权的侵害，引渡应强调打击普通刑事犯罪，而非反抗极权统治。双重犯罪原则是法无明文规定不处罚原则的必然要求，是为了保证被请求国不会被强迫引渡一个该国认为没有犯罪的人。罪名特定原则主要是为了防止一些国家将政治犯以普通刑事犯罪的名义引渡回国，然后以其他名义对该人予以加重惩罚。

难点 3：如何通过引渡制度学习，培养学生独立思考和理性分析能力，提升其国际法学素养。

通过对引渡制度规则和原则，以及多个案例的分析，透视引渡制度背后设计的价值因素和利益平衡，如双重犯罪原则对国家主权和引渡对象权益保护的平衡，并通过行动学习让学生了解不同国家和地区的法律差异，帮助学生掌握引渡合作的必要性。国际法上的引渡制度是一种司法协助，旨在弥补国家对刑法管辖的地域局限性，也是国家间合作以惩治犯罪的重要方式。当前，欧美国家的引渡实践更加注意对引渡对象的人权保护，在此基础上强调打击制裁犯罪的目的。结合我国的“天网行动”，让学生认识并思考当前国际引渡实践和我国引渡实践的问题，深入理解法条背后的缘由、逻辑及内在价值等要素。

3. 教学工具

（1）运用视频、图片、直方图等多媒体和板书相结合的方式展开教学。

（2）使用实物教学用具。对于引渡规则分析过程中，通过对中国、美国和《联合国反腐败公约》进行差异性分析，分别划分不同小组进行角色扮演，增强同学们对引渡制度规则的感知。

在组织学生学习过程中要让同学们感受到国际法上引渡制度打击刑事犯罪的积极作用，但也应看到由于西方国家坚持“条约前置主义”，以及“政治犯不引渡原则”的不明确，导致一些罪犯逃脱了法律的制裁。基于中国涉外刑事案件中的引渡实践，让学生理解西方国家基于政治原因对我国对外开展引渡合作设置的障碍，也存在我国引渡制度上的一些问题。

（六）教学创新

在教学手段和方法已经提及了本课程中的一些创新，现在主要总结为以下两类。

1. 教学内容创新

（1）多种教学手段并用，打造高效课堂。借助影像资料导入引渡制度，结合具体案例进行启发式和互动式教学。所选案例都来自实践中真实案例，如“张振海劫机案”，从而激发学生学习积极性，提高学习效果和效率，帮助学生在案例情景中快速掌握引渡制度的具体规则和法律依据。

（2）理论与实践并重，注重渗透式教学。在讲述引渡例外一些原则时，讲解当前学界对引渡制度最新研究，结合中国的“天网行动”，讲述当前实务界的一些具体做法，理论联系实际，让学生了解学术前沿，加深学生对课堂理论学习的理解和掌握，由理论再回到实践。

（3）人才培养目标为导向，培养“宽口径”人才。结合法学本科人才培养目标定位，让学生课下多阅读文献资料，夯实法学理论基础，拓宽学生视野，充分调动学生的主观能动性和课堂参与积极性。让学生成为主动学习的主人，让教师成为学生学习的引路人，让国际公法课堂成为一首师生共同演奏的交响曲。

2. 教学方式创新

（1）提升观念，转变角色。改变传统的“填鸭式”和“独角戏”课堂教学，采用“苏格拉底式”方法讲授专业知识。通过课堂设计，授课教师积极提高学生在课堂教学中自主意识，发挥他们的主体作用，培养学生自我学习的能力。

（2）案例教学，寓学于趣。国际公法具有较强的理论性，通过具体案例呈现出引渡制度中的规则，激发学生学习积极性；将抽象法律分析与新闻案例相结合，要求学生以法律理性人的身份分析案情，帮助他们准确理解法律规则背后的逻辑和价值。

（3）行动学习，知行并进。在课堂教学中，让学生分成不同小组讨论中国、美国和《联合国反腐败公约》中对引渡规则的差异，提升学生对引渡合作实践的感知。同时结合中国当前的“天网行动”，从政治和规则层面理解并分析中国开展引渡障碍及完善建议。

（七）讲授流程

主要内容和时间分配见下图。

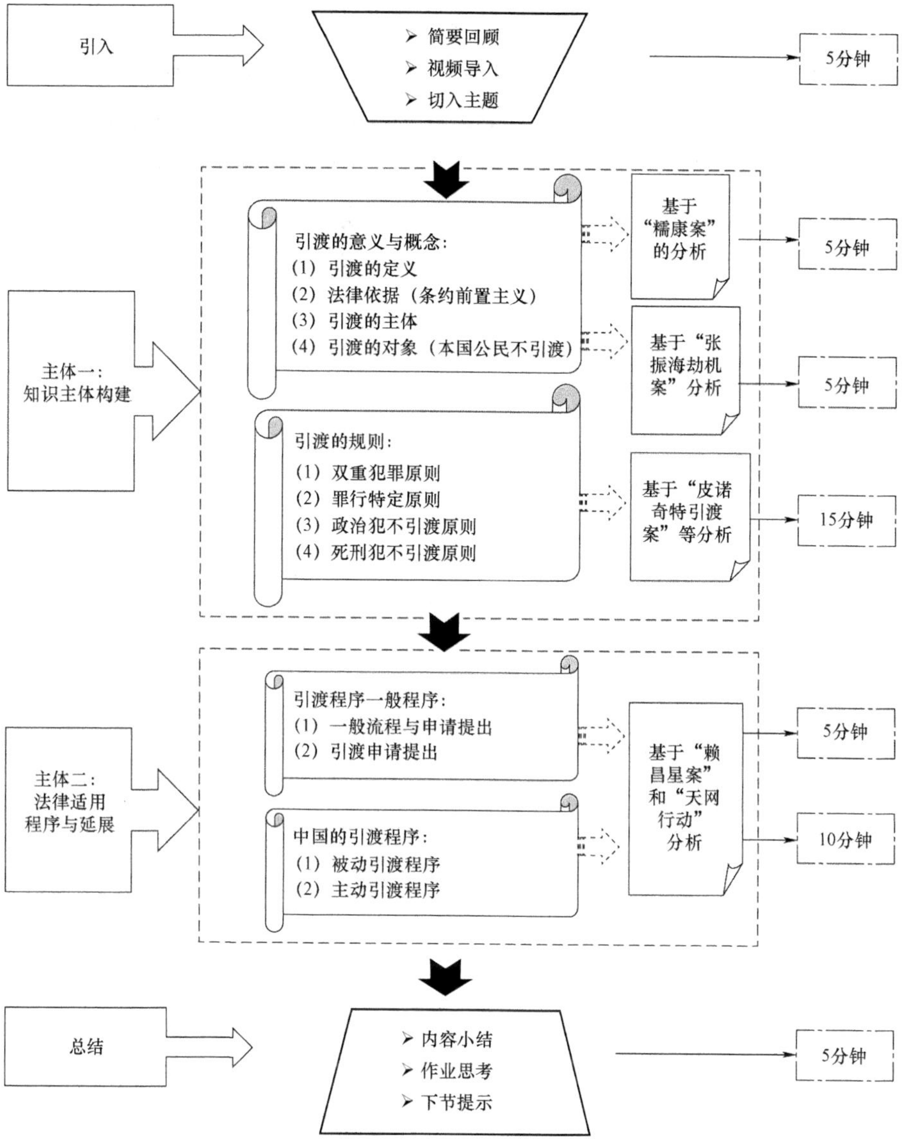

六、结论

结合当今世界正经历百年未有之大变局，结合当代大学生特点，探讨“国际法”课程思政建设，以专业知识为载体加强学生思想政治教育，探索最大化发挥课堂教学的主渠道、主阵地功能，构建全方位全课程育人环境，实现在知识传授中价值观的同频共振，对于建立学生对中国特色社会主义的“四个自信”，激发学生对国家的认同感与自豪感具有重要意义。

但是，当前大学生思维和群体特点要求教师在讲授思政因素中不能生搬硬套，而是要实现“润物细无声”的课程思政教学目标。做一个不当比喻，思政因素就如同盐一样，一节成功的课程思政就如同一道美味佳肴，自然不能在菜肴里看到盐，但却能在品味过程中感受到盐的存在。其实，教师理念、能力和水平等直接关乎“国际法”的课程思政建设成功与否，毕竟“厨师”能否做好菜肴的“第一责任人”。

法学专业课程思政的教学模式与改革路径探析

——以“国际私法”课程为例

张　建

摘　要　习近平总书记在全国高校思政工作会议中强调，要将思想政治工作贯穿教育教学全过程，实现全程育人、全方位育人。为此，教育部推出一系列课程思政教学改革的重要举措。相较于其他专业，法学专业尤其重视对价值理念的引领和道德品质的塑造。外事无小事，以培育卓越涉外法治人才为目标的“国际私法”课程尤其应当高度重视课程思政教学改革。在深入分析“国际私法”课程思政教学改革必要性的基础上，本文从价值理念传授、法治思维锻造、思政元素提炼等方面探索课程思政的具体模式，以期形成具有可操作性的课程思政改革路径。

关键词　国际私法；课程思政；人才培养；德才兼备

一、推进“国际私法”课程思政教学改革的必要性分析

2019年8月，中共中央办公厅、国务院办公厅印发《关于深化新时代学校思想政治理论课改革创新的若干意见》（以下简称《若干意见》），其中指出：教育是国之大计、党之大计，承担着立德树人的根本任务。全国各类大中小学在新形势新任务新挑战下，应重点解决好培养什么人、怎样培养人、为谁培养人这个根本问题，坚持不懈用习近平新时代中国特色社会主义思想铸魂育人。为了贯彻《若干意见》，强化各类专业课程同思政课建设的协同效应，协调好知识传授与人才培

本文系2020年度首都经济贸易大学法学院院级教改课题“国际私法课程思政教学研究”的研究成果。

张建，男，法学博士，首都经济贸易大学法学院讲师，研究方向为国际私法。

育之间的关系，教育部于2020年5月印发《高等学校课程思政建设指导纲要》（教高〔2020〕3号，以下简称《指导纲要》），正式将课程思政提升为全面提高人才培养质量的重要任务和关键环节。根据《指导纲要》的精神和部署，各高等院校应有针对性地适时修订人才培养方案，设计课程思政教学体系，结合专业特点分类推进课程思政建设，将课程思政融入课堂教学建设全过程，提升教师课程思政建设的意识和能力。申言之，在高校人才培养体系中，教师是“主力军”，课程建设是“主战场”、课堂教学是“主渠道”，所有高校、所有教师、所有课程都承载着为社会主义建设、为国家发展强盛培养社会主义建设者和接班人的神圣使命和重要职责。

法学是关乎正义与非正义的科学，法学专业旨在培育一批坚持马克思主义法学思想、中国特色社会主义法治理论特别是习近平新时代中国特色社会主义法治思想以及信念执着、品德优良、基础宽厚、专业扎实、身心健康的专门人才。因而，相比于其他专业，评判法学人才合格的标准更加注重德才兼备。正如古人所云：“德全尽谓之圣人，才德兼亡谓之愚人，德胜才谓之君子，才胜德谓之小人。”党的十八大以来，习近平总书记高度重视党风廉政建设和反腐败斗争，强调党要管党、从严治党，提出了一系列新的理念、思路、举措。随着党风廉政建设和反腐败工作的深入展开，在全国政法工作中，不时有贪腐分子被公之于众，曝光于媒体，引发了社会的强烈反响。正如西方哲学家培根所言：“一次不公正的审判，其恶果远甚于十次犯罪。因为犯罪是无视法律，好比污染了水流，而不公正的审判则毁坏法律，好比污染整个水源。”而优秀的法律工作者之所以在品质、德行方面出现了问题，在很大程度上可归因于伦理与道德教化的不足以及高校法学专业课程思政的长期缺位。

事实上，在以往的高等教育中，专业教育与思政教育长期呈现出“两张皮”的现象，思政课程由马克思主义学院负责授课，专业教育由各个院系逐层展开。由此产生的弊端是，教师在授课过程中过于注重专业知识和技能的讲授，忽视对授课对象的品德与思想进行潜移默化的价值引领，这在一定程度上导致部分毕业生在世界观、人生观、价值观方面出现偏颇。为此，习近平总书记于2017年5月在中国政法大学考察时发表重要讲话，特别强调法学教育要坚持立德树人、德法兼修，抓好法治人才培养。为了落实习近平总书记关于法学教育的重要指示，教育部于2018年初发布实施《法学专业类教学质量国家标准》，将法律职业伦理课程列为法学专业核心必修课程，要求所有开设法学专业的高校必须面向法学专业学生开设，由此将法科生职业伦理教育提升到了前所未有的高度。2018年10月，教育部会同中央政法委联合印发《关于坚持德法兼修实施卓越法治人才教育培养计划2.0的意见》，提出8项改革任务，首要任务即为“厚德育，铸就法治人才之魂”，强调要注重培养学生的思想道德素养，大力推进中国特色社会主义法治理论进教材进课堂进头脑，将社会主义核心价值观教育贯穿法治人才培养全过程各环节；要加大学生法律职业伦理培养力度，面向全体法学专业学生开设“法律职业伦理”必修课，实现法律职业伦理教育贯穿法治人才培养全过程。①

在法学课程设计与人才培养方案中，国际法占有重要地位。国际法治文明历来被视为各国对人类正义的终极追求和法学王冠上最耀眼的明珠，同时也是现实世界的积极性生成力量。在世界多极化、经济全球化、文化多样化、社会信息化的时代，尤其如此。在国际法学科体系中，国际私法以调整涉外民商事法律关系、协调涉外民商事管辖权冲突、明确涉外民商事纠纷的法律适用为己任。因关乎各国私法秩序的碰撞和各国法律的域外适用，国际私法兼具私法的人文关怀与公法的爱国情怀，因此在课程设计和课堂教学中蕴藏着丰富的思政元素。然而，长期以来，国际私法的教学却仅仅着眼于抽象法律概念的思辨与具体法律制度的阐释，忽视了从法学原理、法律制度、法治实践中凝练课程思政的重要养分，这种现状亟待改善。基于此，以“国际私法”课程入手，挖掘教学中所涉的课程思政元素，不仅可推进课程思政的教学模式与改革路径探索，亦有助于优化法学专业人才培养体系。

二、“国际私法”课程思政的教学模式

（一）以法治关键词引领国际私法价值理念的传授

随着中国日益走近世界舞台中央，既给我国的对外交往带来挑战，也孕育了新的机遇。一方面，因美国特朗普政府极力奉行单边主义、贸易保护主义，导致中美经贸摩擦不断升级，新冠肺炎疫情的蔓延和传播使境外部分主体对我国提起

① 许身健．法律职业伦理课程的春天［N］．检察日报，2019－12－11（7）．

索赔滥诉；另一方面，“一带一路”建设从愿景走向行动，2015年9月28日，习近平主席在第七十届联合国大会一般性辩论时所作的讲话中提出“打造人类命运共同体”理念，以促进各国相互依存、休戚与共。中欧双边投资协定历经7年共35轮谈判得以达成，《区域全面经济伙伴关系协定》历经8年终获签署。这些都无一例外地与国际法、国际社会、人类命运共同体、国际秩序等概念密切相关，体系的变革意味着一种新的格局或者新的秩序，当平等主体之间因人身关系或财产关系引发国际民商事争议时，便需要适用国际私法来调整私人跨国民商事交往，维护国际民商事秩序。[①]然而，在我国传统的法学教育体系中，对国际私法存在严重的认知偏差，对其重视程度远不及民商法、刑法等基础学科。在“统筹国内国际两个大局”的时代背景下，推进课程思政的教学改革，尤其有利于加强对国际私法价值理念的认知。换言之，课程思政与国际私法的价值理念是高度融合的，而推进课程思政的模式之一则是在具体的教学环节将法治关键词作为开启理念传授的“钥匙”，通过课堂导语的形式引申出具体的专业授课内容。

（二）以习近平法治思想锻造法律适用思维

习近平全球治理与国际法治思想，是从习近平治国理政思想中提炼出的关于国际秩序建构与人类命运共同体维护重要内容，是中国参与全球治理体系变革与国际规则体系创新发展的理论指导。[②]以国际私法视角审视，习近平国际法治思想中蕴含着丰富的法律适用元素。首先，构建人类命运共同体、走和平发展道路、构建以合作共赢为核心的新型国际关系是习近平全球治理思想的基础，这也是发展国际民商事统一实体法的根本前提。其次，维护以联合国宪章宗旨和原则为核心的国际秩序和国际体系是实现全球治理法治化的机制保障，也是从国际层面协调各国法律冲突的必要路径。其中，由联合国国际贸易法委员会具体工作组推进的国际商法统一化、中小微企业利益保护、跨境破产法律适用的更新、仲裁与调解示范法的起草、跨境电子商务及司法拍卖船舶的立法等工作，对于促进国际私法秩序向更加公正且高效的方向迈进提供了规范基础。再次，习近平主席强调，推动国际秩序与全球治理体系朝着更加公正合理的方向发展，加强国际法治工作。

---

① 何其生．国际私法秩序与国际私法的基础性价值［J］．清华法学，2018（01）：31－50．

② 黄进．习近平全球治理与国际法治思想研究［J］．中国法学，2017（05）：5－22．

为此，中国国际私法理论界与涉外商事海事审判实务界高度重视中国法域外适用建设及对他国法律域外适用的应对机制，基于中国特色社会主义的现实国情，对禁诉令、不方便法院原则、域外法不当适用的阻断立法等具体制度展开了深度思考和实践创新，这毫无疑问为国际私法课程思政教学提供了鲜活的一手素材。[①]将习近平法治思想与国际商事关系的法律适用、国际民事诉讼管辖权规则的创新有机结合、辩证统一起来，这对法科生有效锻造涉外民事关系法律适用思维，了解制度的前因后果与来龙去脉，升华个体认同感，提升思考的逻辑深度大有裨益。

（三）以中国特色大国外交理念推进国际私法教学

2020 年 10 月，中国共产党第十九届五中全会在北京召开，会上经审议通过《中共中央关于制定国民经济和社会发展第十四个五年规划和二〇三五年远景目标的建议》。会议指出，我国当前所处的国际国内发展环境正在面临着复杂的变化，酝酿着深刻的调整。一方面，当今世界正经历百年未有之大变局，新一轮科技革命的发展使国际力量对比深刻调整，新冠肺炎疫情全球大流行使世界大变局加速变化，中美经贸摩擦使国际交往的不确定性增加；另一方面，和平与发展仍然是时代主题，人类命运共同体理念业已深入人心，我国将坚定不移地持续扩大对外开放，促进国内国际双循环，努力打造更高水平的开放型经济体制，构筑全面对外开放的新格局。2020 年 11 月，中央全面依法治国工作会议在北京召开，这次会议明确了习近平法治思想在全面依法治国工作中的指导地位，其中特别指出：要深刻认识和把握统筹推进国内法治和涉外法治的紧迫性，在分析和研判世界百年未有之大变局对法治工作提出的新要求的基础上，加快提升涉外司法能力水平，坚决维护国家主权，立足司法职能推动全球治理变革，服务构建人类命运共同体。通过学习这一系列重要内容，可以较好地分析中国对外交往的现状和面临的困境，而对于国际法教师而言，有责任也有义务比其他专业的教师更多地揭示外交理念和制度价值。以维护国家主权安全、发展利益与进一步深化对外开放的关系而言，教导学生爱国，以强化创新理论武装，树牢“四个意识”，坚定“四个自信”，坚决做到“两个维护”为前提，以学者的良知、专业的学养、深厚的法理来引领学

① 沈红雨．我国法的域外适用法律体系构建与涉外民商事诉讼管辖权制度的改革——兼论不方便法院原则和禁诉令机制的构建［J］．中国应用法学，2020（05）：114－128．

生以国际法的原则和制度维护国家利益。[①]

具体落实到国际私法教学中，中国特色大国外交理念对国际礼让说及胡伯三原则的理解、直接与间接管辖权的协调、判决承认与执行机制的互惠原则等内容的讲授尤其重要。与世界上主要的发达国家特别是西方大国相比，中国的国际民事诉讼法律制度尚需完善，如何以大国司法理念推动我国国际民事诉讼制度的重构，是当前我国法治建设中一项极为重要的课题，也是中国彰显大国地位、在全球治理中发挥大国作用的前提和必要条件。[②]中国特色的大国外交理念强调五方面内容：第一，建立平等相待、互商互谅的伙伴关系；第二，营造公平正义、共建共享的安全格局；第三，谋求开放创新、包容互惠的发展前景；第四，促进和而不同、包容互鉴的文明交流；第五，构筑尊崇自然、绿色发展的生态体系。作为经济大国，中国首先必须坚决捍卫国家主权，借助于属地管辖、属人管辖、保护性管辖等原则维护中国公民在全球范围内的海外权益；但作为负责任的法治大国，中国亦需不断提升司法服务水平，尊重当事人协议管辖，通过不方便法院原则等规制平行诉讼，多措并举地增强外国法查明平台建设，通过引入法律互惠积极承认和执行外国民商事判决等，借助于这些具体的国际私法制度来增强中国司法在全球争议解决市场的吸引力。[③]

三、“国际私法”课程思政的教学改革路径

（一）明确课程思政与思政课程的内在关系

在分析“国际私法”课程思政改革必要性及具体模式的基础上，有必要进一步探讨对国际私法教学现状进行完善、推进国际私法课程思政教学改革的路径。正如习近平总书记于2016年12月在全国高校思想政治工作会议上指出：要用好课堂教学这个主渠道，思想政治理论课要坚持在改进中加强，提升思想政治教育亲和力和针对性，满足学生成长发展需求和期待，其他各门课都要守好一段渠、

① 张丽莎. 国际法课程内容与爱国主义教育相结合方法探析［J］. 传播力研究，2020（23）：164－165.

② 刘敬东. 大国司法：中国国际民事诉讼制度之重构［J］. 法学，2016（07）：3－16.

③ 何其生. 大国司法理念与中国国际民事诉讼制度的发展［J］. 中国社会科学，2017（05）：123－146，208.

种好责任田，使各类课程与思想政治理论课同向同行，形成协同效应。①对于法学专业的课程思政改革，既不是要徒有其表地增设一门名为“课程思政”的课程，也不是用课程思政来替代思政课程，更不应该将法学专业课都建成思政课程，或者在课堂教学中特别留出时间来进行思政教育。国际私法的教师要贯穿课程思政，首先要做到身体力行、以身示范、孜孜矻矻。在教学改革的过程中，首先得厘清课程思政与思政课程的关系，着力探索构建价值塑造、能力培养、知识传授“三位一体”的人才培养模式。换言之，开展课程思政要注重统筹联动。课程思政建设是一项系统工程，纵向需要层层激发动力、形成共识，横向需要多部门协同配合、互相支持，共同促进。在国际私法教学中推行课程思政，目标在于充分发挥课程本身、课程所在学科等多方面的育人作用，形成由点及线、由线到面的全方位改革。

（二）提升教师的课程思政能力建设

教师是课程思政的直接实践者，“教育者先受教育”是教师开展课程思政的重点和难点。

课程思政改革的最关键要素是专业课教师。专业课教师在不断提高自身专业功底和教学技能的同时，更需要不断提高德育意识和对课程思政理念的认知意识。与其他专业大学生相比，高校法学专业学生对中国法治化进程中发生的热点案例更加关注，也更容易受到非理性舆论的负面影响，这就更需要法学专业教师带头践行社会主义核心价值观，坚持“法律知识传授”与“价值观教育引领”无缝对接。在传统的国际私法教学实践中，因对中国自身的法治实践缺乏充分的挖掘，多以系统介绍域外法学理论与典型案例为主要授课内容，课程安排相对陈旧、与现实生活及中国国情不够贴近，有的教师甚至在课堂上发表错误言论，将不正确的价值导向和负面情绪传递给授课对象，这在很大程度上降低了国际私法教学质量。对此，教师开展课程思政，必须先加强自我约束，坚持不断提高政治素养、思想觉悟、自身修养，真正做到向学生传递正能量。从国际私法拓展至法学专业其他课程，课堂讲授绝不能仅仅停留在对法学概念、法律条文的解读，而是要将知识传授放到全面实现依法治国整体战略中来思考，要充分发掘法学知识背后的

---

① 李树成.《国际法》课程思政教育的改革与实践［J］. 天津教育，2019（17）：85.

人性考量、价值关怀与制度定位。[①]

（三）深度挖掘国际私法课程中的思政元素

相较于国内法、国际公法等课程而言，国际私法既有国际法渊源，亦有国内法渊源，故而具有较强的比较法元素。在国际私法教学中，较多涉及对各国国内立法的阐述，所以在教学中应广泛运用中外立法比较，教师因此有机会向学生展现并分析不同国家因文化传统、经济体制等原因而导致的立法差别，从而借此树立授课对象的法律文化自信。例如，在讲授涉外合同的法律适用这一知识要点时，则可通过介绍我国对外投资和吸引外资的大致情况和发展趋势，尤其是“一带一路”倡议背景下我国企业对外投资的新情况，使学生能够了解实践中我国对外投资的新形势和新局面，从而构建起涉外投资合同法律适用独特的动因。这些教学内容，既能引导学生正确、客观地看待、分析目前国际社会热点问题，树立正确的世界观和全局观，又能树立学生的文化自信与制度自信，使其能够从中国整体发展的角度来审视国际民商事法律关系。

表 1　　国际私法课程教学中的思政契合点

国际私法授课要点	课程所涉思政元素	思政内容主要依据
国际私法基本原则：保护弱者利益原则	坚持以民为本，切实保障和改善民生	中国共产党的群众路线及人民群众观；党的十九大对当前社会主要矛盾发生变化的概括。
冲突规范：场所支配行为的传统规则受到意思自治及最密切联系冲击	尊重国家立法主权与司法主权，培育国际公共秩序观念	党的十九届四中全会决定将加快中国法域外适用的法律体系建设。
国际民事诉讼管辖权：长臂管辖与不方便法院原则	推动国际关系民主化，坚持践行亲诚惠容的周边外交理念	党的十九大报告提出推动建设相互尊重、公平正义、合作共赢的新型国际关系。
国际私法的特殊主体：国家主权豁免	构建人类命运共同体，平等互惠、相互尊重	习近平总书记于 2015 年 9 月在纽约联合国总部出席第七十届联合国大会一般性辩论时发表重要讲话中提出构建人类命运共同体的理念。
承认与执行外国民商事判决：国际礼让说与互惠原则	各国在追求本国利益的同时兼顾他国的合理关切	党的十九大报告指出与世界携手共建人类命运共同体，推进新时代中国特色大国外交。

① 沃耘．高校法学“课程思政”教育教学改革路径与对策［N］．天津日报，2019－03－04（9）．

（四）与法学专业人才培养目标相结合

法学专业所有课程的设计都是围绕着法学专业人才培养目标而展开，法学专业“课程思政”改革也应当将思政元素充分融入法学专业人才培养方案，从课程聚焦到专业，将“德法兼修”的育人理念贯通于法学专业建设的整体规划。在“国际私法”教学过程中，要承载起对法学专业人才基本素养与品格的导引功能，要为学生客观、全面地分析不同国家、地域因文化传统、经济体制等原因而导致的立法差别，让学生充分了解社会主义法律制度形成的“本土资源”，树立文化自信与制度自信，能够从国家情怀和法治中国整体发展的角度来审视和解决问题。“对世界上的优秀法治文明成果，要积极吸收借鉴，也要加以甄别，有选择地吸收和转化”，确保学生在接受法学专业知识与技能训练的同时形成最基本的社会主义法价值观。

（五）重视课程思政与实践教学环节的结合

法学是一门实践性很强的学科，法学专业“课程思政”改革如果仅局限于知识教学，忽略在实践教学环节对学生的价值引领，其改革效果就会大打折扣。要实现“全课程育人”的格局，必须在实践教学环节中寻找与德育知识体系的“结合点”。司法机关、律师事务所等机构是高校法学专业实习、实训、见习等实践教学环节得以开展的最主要场所，法治一线工作者的“言传身教”，将对学生法律职业伦理的形成产生巨大影响。对国际私法而言，我国现已积累了大量的涉外商事海事司法审判实战经验，同时在涉外商事仲裁、调解等方面也已遴选出丰富的典型案例，具有鲜明的裁判意义。推进“国际私法”课程思政教学改革，必须重视与实践教学环节的有效衔接，打通理论教学与实务训练之间长期存在的壁垒，与各部门相互配合，增进沟通，打造平台，共同引领学生完成法律职业精神和职业伦理的塑造。

四、结论

在“国际私法”课程中探索课程思政改革，就应在进行专业知识讲授和技能训练时，不断挖掘该课程教学内容中的思政元素，从提高教师的课程思政能力入手，将思政教育与法学专业人才培养目标相结合，重视课程思政与实践教学环节的结合，科学合理地设计国际私法知识点与思政教育知识点的衔接。通过课程思政改革，充分发挥课程思政对学生的教育作用，帮助学生树立正确的世界观、人生观和价值观，培养“德法兼修”的社会主义法律人才。

研究生教育与培养

创新实践型高端法治人才培养探索

——以首都经济贸易大学为例

米新丽　王亚兰

摘　要　培养实践型高端法治人才是我国法学教育的首要任务,但目前高校研究生实践教学更多存在形式主义,实质效果不足,严重制约其培养功能的发挥,首都经济贸易大学法学专业亦是如此。为此,文章以首都经济贸易大学法学专业为例,概述了院校法学专业实践能力培养普遍面临的困境,并结合实际情况、社会需要,从校内实践教学课程改进、校外"实践教学协同创新平台"搭建以及专业导师团队指导,同时配备考核体系进行保障等方面入手,探索实践型高端法治人才培养的体制、机制,走出一条符合学校法学专业实践能力培养要求的路径。

关键词　实践型法治人才;研究生;培养机制

一、构建实践型高端法治人才培养的动因

法治人才,是指专门从事司法实务等相关法律职业人才,是法治社会的引路者,法治精神的弘扬者,建设法治国家的重要基石。[①]而培育法治人才面临的核心问题即是实践教学的定位。作为国家重要人才储备的法学研究生,培养其成为

本文系作者承担的 2020 年首都经济贸易大学校级研究生教改立项"创新实践型法治人才培养研究"的阶段性成果。

米新丽,女,法学博士,首都经济贸易大学法学院教授,研究方向为民商法。王亚兰,女,首都经济贸易大学法学院硕士研究生。

① 刘淑波,朴飞. 理工院校法治人才培养机制创新探索与实践——以长春理工大学为例 [J]. 职业技术教育,2019(14):33-36.

实践型高端法治人才是党和国家在新时期对法学教育事业的战略需要。随着我国依法治国的全面普及，社会对法治人才的实践性要求越来越高，预示着我国法学教育理应进入一个全新的阶段，应不断调整以适应全面依法治国的需求。①

（一）实践型高端法治人才培养是对研究生适应时代发展的要求

随着依法治国时代的到来，人们对公平、正义、法治的需求不断增长，法治人才的深度培育必须提上日程，以满足时代发展的法治要求。②2017年5月3日，习近平总书记考察中国政法大学时，特别指出中国法学教育和法治人才培养所面临的核心问题："法学学科是实践性很强的学科，法学教育要处理好理论教学和实践教学的关系。"③习近平总书记对法学实践教学定位、要求，点明了法学教育中法治人才培育的关键症结，即知识教学和实践教学的"关系"是什么？如何有效开展高端法学实践型人才培养？这些问题，既是各高校法学院系面临的难题，更是法学教育中法治人才培养必须回答的重要问题。因此，如何思考、把握、明确定位法学实践教学问题，成为当前和未来中国法学教育和高端法治人才培养改革的重要任务和重大责任。

（二）实践型高端法治人才培养是研究生满足现实社会的需要

在构建高水平社会主义市场经济体制的大背景下，高校招生逐年扩张，以法学专业为典型代表的人才培养数量也迎来跨越式激增。从数量上看，法学专业的人才输出完全满足司法实践的人才需求，但现实情况是，实务部门所需的应用型高端法律人才仍面临着大量短缺。以法治人才供给方的法学院和以实务需求方的司法实践部门仍存在相当大的人才供需缺口。④例如，实务部门普遍反映的既懂法律又有速录技能，既拥有理论基础又能清晰了解整个诉讼程序，既能掌握法律知识又能具备多种社会、经济等综合知识的应用型人才非常紧缺，大部分法学专业毕业生缺乏基础的法律技能、复合型知识储备。而且受观念和教学条件等因素

① 王利明．培养明法厚德的卓越法治人才［J］．中国高校社会科学，2017（04）：10－12.

② 杨春福．新时代复合型法治人才及其培养路径探究［J］．法制与社会发展，2018（05）：102－109.

③ 新华网．《习近平在中国政法大学考察》［EB/OL］．［2017－11－23］．http://www.xinhuanet.com/politics/2017－05/03/c_1120913310.htm.

④ 路军，王印，闫海．法律实务专家参与法治人才培养的路径及经验［J］．现代经济信息，2018（11）：401－402.

的限制，地方院校的法学专业对于实践型人才培养缺乏科学化、体系的培养方案，实践教学更多地流于形式。为此，高等法学教育改进人才培养方向，提升实践能力水平的培养方案是当阶段最核心、紧迫的任务，只有这样才能满足社会主义市场经济发展中对法学人才的需求。①

（三）实践型高端法治人才培养是落实中央政法委和教育主管部门要求的需要

2018 年 1 月 30 日，教育部发布法学类教学质量国家标准，明确指出“法学类专业教育是以素质教育、专业教育为基础上的职业教育”，规定学生实践课程累计学分不得低于总学分的 15%，同时明确对实践教学的具体课程和体系作出一定要求。9 月 17 日，教育部、中央政法委进一步颁布《关于坚持德法兼修实施卓越法治人才教育培养计划 2.0 的意见》，其中再一次明确提出改革任务和重点举措是“着力强化实践教学，进一步提高法学专业实践教学学分比例，创新实践教学的多样性，着力提升实践型教学成效。”这些规章制度的颁布无疑为高校法学实践型教学改革提供了明确的制度保障，引起新一轮教改热潮。各高校只有在现有实践教学模式下不断探索、创新，改进实践教学方式、优化实践课程体系，在法学实践教学中下真功夫，才能获得成效，才能落实现阶段教育主管部门要求的培养应用型、复合型、创新型的法治人才需求。

事实上，一些高校已经较早开始探索如何通过法学实践教学来引导创新实践型高端人才培养研究。例如，浙江大学自 1996 年开始进行的研究生挂职锻炼社会实践模式，由院校对接基层企事业单位，参加一个月以上的挂职工作。2005 年，明确将其列入研究生培养方案，并以学分核算。同时，随着社会实践教学的不断改进，浙江大学不仅课程方面创新实践教学，其多维化评估、多主体参与举措也逐渐完善，以期构建实践课程资源质量保障、运行科学、评估保障的体系化实践教学，全方位培养真正能适应社会需求的高端法治人才。②除此之外，中国政法大学也着力开展“专、实、博、雅”为特色的法学教育创新实践工

---

① 王梅生，徐丽. 财经类本科院校法学与会计学人才培养模式研究[J]. 经济师，2015(03)：222－223.

② 徐国斌，马君雅，王莉. 基于人才培养视角的研究生社会实践质量保障体系建构——以浙江大学为例 [J]. 学位与研究生教育，2016（09）：13－17.

作。[①]在“实”的层面，中国政法大学首创的“同步实践教学”模式，创设了校内实践资源同步教学平台。打破了原有的理论之后进行实践教学的传统模式弊端，鼓励学生理论学习与实践学习的同步性。尤其是其侧重于实践教学的数据共享，不同于传统的实践活动，在实践种类上更加信息化。由此可见，国内顶尖高校已经在多年前就开展了法学实践教学的培养。

二、法学专业研究生实践能力培养面临的不足

从二十多年前开始，国内就一直有学者和专家呼吁加强对法学生实践型培养，但至今为止，在我国各大高校中的实施效果仍微乎其微，与社会所需的法治人才要求仍存在很大的差距，主要存在以下几种不足。

（一）实践教学方法的“科学化”“体系化”不足

1. 校内实践教学缺少科学、合理的安排

近年来，大多数高校法学院都开始积极开展校内实践教学改革，例如普遍存在的案例分析、实验实训（模拟法庭、法律诊所）、法制宣传活动等。虽然取得了一定效果，但存在一些典型问题。

例如案例授课。目前案例授课普遍是由高校老师课后备课检索，真正系统的案例教材少之又少。抑或有，时效性也十分差，更多的是耳熟能详的一些多年前案例。对于社会新发生的案例因为接触实务不多，无法获得一手案件资料。为此，有些教师在课堂中的案例选择更多地存在随意性，往往会出现案例与所授的知识点没有联系或者联系不强。甚至是对新颁布的司法解释关注度不够，会出现同样的案例因为时效性，现在的结果与之前的裁判已经大相径庭。

此外，还有被众多法学院所奉为实践教学标志的模拟法庭。在开展时也经常面临重表演轻实战局面。因为部分高校在模拟法庭教学中添加浓厚的表演形式，将原本对抗性很强的庭审活动变成法庭表演赛。学生参与其中只能学习相关庭审的程序，掌握相对充分的理论知识，但是对于法律技术能力、逻辑思维能力掌握得少之又少，更别说真正地扮演好一个法律人该有的职业素养、职业道德能力，

---

① 黄进．世界一流大学建设与一流本科教学的创新——中国政法大学的理念与实践［J］．中国高教研究，2016（06）：11－16．

因为这些应用能力必须在真正与当事人、证人等其他诉讼参与人的正面接触后才能不断养成。

2. 校外实践重过程轻效果

目前，高校的校外实践主要是实习，由学院分配或学生个人选择进入不同法律实务单位实习，在实习部门的安排下进行相关实践活动，以此来检验理论知识的掌握程度，不断提升学生的沟通能力、处事能力、文字表达能力等各种法律技术能力。如果实习单位确实严格按照学院设计的大纲培养模式，学生也在老师的协助下独立进行相关法律活动，那么这种实习方式无疑是最能检验、提升学生实践能力的教学方式。但更多的现实情况是，司法系统会因为很多限制性规定、实际情况所限等众多因素，由实习生独立完成或完成主要法律活动的并不多，对于有效培养实践能力大打折扣。所以如果学校与实习单位不是深度合作，实时沟通联系，实习生在进入实习单位后，从事的一般仅仅是一些辅助性工作，例如复印、整理卷宗、收发邮件，至于庭审活动、撰写法律文书等基本实务活动无法参与。且最为重要的一点是，高校安排学生实践活动时通常忽略实践与理论二者相辅相成的关系，未能将学生的实践活动与理论课程联系。比如毕业实习与毕业论文二者未一脉相承，未能将实习中遇到的问题进行挖掘分析，提出针对性、可行性的法律意见。而是走马观花式实习三个月时间，没有获得任何实践价值。

（二）师资团队缺乏法学专业实践经验

实践教学除了对校内外课程提出了高要求，对法学教师的实践教学水平也明确了高标准——扎实的专业知识，丰富的实践经验以及解决实际问题的能力。但现状并非如此：第一，大多数一线教师从校门到校门，博士毕业直接进入教学一线，实践能力相对薄弱，导致教师的教学仅从理论到理论的阵地转移。同时一些教师受现有评价考核机制影响，承担学校安排的科研任务，无暇从事法律实务，极少办理案件，司法实践经验极为欠缺，难以胜任实践教学的指导任务。第二，现有实践教学的教师实践经验和教学水平有欠缺。目前高校对于模拟法庭、法律诊所活动并未区分理论授课老师、实践授课老师，仅区分专业领域不同，导致承担实践教学任务的理论授课教师因经验不足无法取得培养出实践型卓越法律人才的预期效果。第三，校外兼职导师实践培养作用发挥有限。目前，部分高校为了将实践教学贯穿学与教，开始采取聘任司法实务部门的相关人员担任指导教师，实行“双导师”制度，从而弥补师资薄弱这一短板。但校外导师不参与法律硕士培养方案的制定，而真正发挥作用的培养方案往往需要由校内外导师双向确定。且双方导师沟通机制不畅，在对学生的培养方面常会流于形式，无法发挥校内外教学资源的培养作用。另一方面，校外实务人员自身有繁重工作压力，时间精力受限制，会局限于课堂之上，很难将校外导师的优秀实践经验发挥在实践教学中，难以让学生真正走出去。

（三）未建立起合理的实践教学评价激励体系

高校法学院（系）承担着培养应用型、复合型的卓越法治人才队伍的重要使命，必须注重学生的培养质量。而实践教学是提高学生培养质量的重要一环，其效果的检测以完善的实践评估体系为前提。但目前高校法学专业还处于起步或改革阶段，评价考核机制相对滞后。首先，一些高校对于实践教学评价考核制度未进行独立制定，普遍适用于传统的科研成果考核机制。但实践考核因其成效无法简单量化，缺乏具体的成果数量，这种评定无疑对实践教学考核缺乏科学性与合理性；其次，即便部分院校对于实践教学有单独的规则制定，也大多是号召层面，缺乏对每项考核项目的具体评价标准，更缺乏一些惩戒措施，如果未完成规定的考核项目在教学中并不会产生实际影响。最后，当前高校对于实践教学的经费支持明显低于理论经费支持，从教师课题、实践项目都可以见其一二。这种“重视科研忽视教学”“倾向理论忽略实践”现象在教师评定职称时表现得尤为突出。

除了教师评价体系的缺乏外，学生评价体系也存在不足。目前，学生考核主要是通过参与模拟法庭、辩论赛等校内实践学分评价，部分也会加入学生毕业实习情况的评价。就前者而言，多数院校仍满足于以撰写论文或试题测试的形式对硕士进行考核，这些书面考核形式结果无法真正体现硕士的法律实务操作能力和案件分析技能。就后者而言，院校通常依据实习单位的实习鉴定报告进行考核，缺乏对学生具体实践情况的反馈了解，导致评价结果与学生的实习状况之间缺乏透明度，无法掌握学生从实践活动中获得的法律技能水平。

综上，创新实践型高端法治人才对研究生培养非常重要，但现实中存在诸多不足。首都经济贸易大学研究生培养也存在这些问题。虽然近年来法学院校内模拟法庭赛事的举办、校外实践基地的建设、双导师制度的成立，为实践型人才培养建设提供了实证依据，但是校内实践教学中模拟法庭更多针对本科生培养，研究生的培养未引起足够重视；校外实践缺乏专业导师全程辅助，更多地流于形式，实习效果大打折扣，尤其是历届毕业生论文中，实习内容与最终的毕业论文设计并没有起到相应的实务方面的帮助；双导师制度也未全面贯穿整个培养方案的始终。因此，推动这项工作开展很有意义，而创新实践型法治研究生培养模式的倡导与施行，必须要有与之相匹配的体制机制、制度措施作为有力的保障。建设一整套合理的实践型研究生的培养体制，需要健全校内校外协同人才培养的长效机制，打破学校中固有的传统校内外培养壁垒，制定研究生进行实践型教学与理论教学协同培养方案，积极应对新时代对于研究生的新要求、新挑战。故构建实践型高端法治人才的研究生培养机制值得深入探讨。

三、创新实践型高端法治人才培养的路径

（一）转变实践教学的引导方向

在上文分析的困境中，可以了解目前我国高校法学生实践教学模式，更多的是在研一基础理论学习后进行实践活动，通过“验证”检验实践学习，于是导致理论与实践的脱钩，效果不佳。而科学合理的培养方案必须从引导方向上即开始树立正确理念，从而在具体措施中把握方向。为此，应将传统教学方式中“理论置于实践前”的关系转变成“同步进行”，促使研究生在课程学习的同时配合实践学习，将实践学习与理论学习同步交叉，贯穿于整个研究生培养方案的全过程。例如中国政法大学首创的“前置式法律实践教学”，建设庭审直播供学生观摩学习、原始卷宗库实现真实案例教学、实况庭审录像资料库专题检索研究，增加司法资源在理论学习时即与法学生正面接触，弥补司法实践后于理论学习的缺憾、鲜活案例缺乏素材支撑的困境，使法学研究生提前接触仿真、虚拟的司法实务工作，具有示范效应。[①]

在我校具体的实践型法治人才培养中，也应该转变对理论教学与实践教学的

---

① 黄进，张桂林，李树忠，于志刚．创新同步实践教学模式 培养卓越法律人才［J］．中国高等教育，2014（17）：28－30，46．

关系的认识，主张“平行教学”引导方向。基本思路是：落实习近平总书记的要求，把优秀实践资源引进校内，将理论和实践紧紧结合起来。充分利用现代互联网+教育的技术成果，打破传统实践教学中单一的校外实习模式，让学生真正在校即可查阅司法实务部门的案例卷宗、观看庭审直播和录像，充分满足“走出去”的实践效果，将理论与实践二者融为一体，贯穿整个实践型法治人才培养全过程，真正实现“理论”和“技能”“思维”和“素养”的同步培养。[①]

在校外，可以延伸“同步性”，将实践前置到“研招”后。研招后，法学院系采取一定的方式，和生源地结合建设。[②]例如，在学院确定录取学生名单后，即可由法学院系和准研究生联系，推荐学生在入学前进入当地司法实务部门进行暑期实践，既能让法学生提前感知法律实务经验，又能在正式入学前对所学领域有一定的问题意识，为自己接下来的学习做好相应准备。尤其是对于法律专业硕士，基于其本身的职业化，入学前进行具体的岗位体验，无疑有利于其对就职方向树立明确的择业观。因此，法学院系如果可以在招生录取工作完成后即进行实践教学，将法律技能前置于研究生入学前，这将极大地激发准研究生们对于实践教学的兴趣，也会产生事半功倍的效果。

可以说，“同步实践教学”这种将“实践型”贯穿人才培养的全过程，协同融合高校与实务部门的优势，实现实践教学培养中优质资源的实时共享，转变传统的“验证式”培养模式，实现 “学训一体”，有效培养实践型高端法治人才。[③]

（二）科学、合理安排校内实践教学课程

除了引导方向转变为“前置式法律实践教学”，更重要的是在培养过程中，在课程设置中，要时刻贯彻培养的引导方向，让研究生成为了解掌握并能在实际工作过程中充分运用法律技能的应用人才。

1. 改进法学院专业实践课程

我校法学院在对研究生的培养过程中，开设的普遍是知识型必修课程。除此之外，须指引一定比例的实践课程学分限制，但是微乎其微。更多的是依靠教师

① 黄进．新时代高素质法治人才培养的路径［J］．中国大学教学，2019（06）：20－26．

② 刘坤轮．走向实践前置：中国法律实践教学的演进趋势［J］．政法论丛，2019（06）：149－158．

③ 于志刚．法治人才培养中实践教学模式的中国探索：“同步实践教学”［J］．中国政法大学学报，2017（05）：38－51，158－159．

理论授课时，穿插案例来弥补实践上的不足。对于模拟法庭、辩论赛等不要求研究生必修学分。即使个别同学参与实践，因该项活动更多是以本科生为主，参与过的研究生对活动并没有太多感觉。

为此，我校法学院在实践教学中，首先要厘清校内理论与实践课程的关系。加大研究生实践课程要求，提高实践课程在总体学分中的比重，鼓励研究生参与模拟法庭、辩论赛等赛事活动，积极主动引导学生在实践中发现问题，并运用理论知识分析问题，解决问题。有效衔接实践与理论，做到知行合一。其次，学校应积极探索庭审直播观摩、原始卷宗库检索、法律援助中心社会调查、毕业法律实习衔接论文等多种形式的实践课程体系。既紧跟“前置式法律实践教学”引导方向，将实践与理论放到同等重要的教学中，又能丰富现有的单一课程种类，增加法学生学习兴趣、提高培养效能。最后，教师应积极将卷宗检索的案例研究分析编纂成新教材，克服传统教学案例陈旧、典型性不足问题，为学生案例学习进行科学引导，真正做到校内实践课程不仅在数量上增加，还在创新性与多样化、科学性上追求突破。

2. 设置校内协同、复合型实践课程

除了法学院专业实践课程的改进之外，通过积极推动校内其他专业实践课程协同，整合优势资源，最大限度地利用校内资源展开实践课程，也是创新实践型人才培养路径的另一条特色路径。①作为财经类院校，法学院在人才培养上，完全可以充分发挥学科交叉融合带来的优质实践资源。例如，依托我校财经管理类学科的特色优势，设置法务会计、法务金融等法律人才培养方向。并充分利用财经专业的实习基地、信息资源作为实践平台，进行法学领域的多元化实践，获得不同于单一法学实践的资源，而是进行复合型、应用型的实践培养模式。从而在同类政法院校中，突出我们的财经法学优势。

（三）重构校外“全程”实践教学体系

对于校外实践，上述不足中也已阐及，虽然都与当地律师事务所、公检法单位存在部分合作关系，但重过程轻效果，形式大于实质。且与课堂理论学习并没有实质联系，距离培养方案中要求的法治人才能力相去甚远。而在推进社会主义

① 孙结才.“法治中国”视域下创新法律人才培养机制探究[J]. 长春大学学报，2017(05)：102-106.

法治建设的道路上，培养应用型法治人才需要院校与实务部门双方共同努力。

为此，本文建议应从院校与实务部门协同合作下解决校外实践培养工作，发挥双方不同资源优势，将法学理论与司法实践、法学教育与社会需求相互结合，探索、建设高校与实务部门之间“实践教学协同创新平台”。[①]由市政府出面牵头，组合众多实习单位定点于各高校。建成以高校教研资源和当地政府、司法等实务资源为依托的实践平台，改革现行的实习方式，建立统一标准的法学生实习制度。

第一，调整校外实习计划方向，以法治社会需求为目标，大力开展地方性司法实践课题研究。将实务部门的问题统一交由“实践教学协同创新平台”，校内导师按照反馈的问题，依据自己的专业领域以课题形式安排学生进入实践部门，通过实地接触了解问题发生的原因、背景，再依据理论知识结合实际需求给出相关解决方案。再由政府收集方案，牵头各部门进行协调解决，让建议具有可行性与针对性。[②]通过这种双向协调，高校可以通过平台获得大量课题研究的实践资源，实务部分可以依托平台解决具体问题，因为经过多方论证探索的方案更具科学合理性，也更能固定成制度，延续使用。可以说，这一举措从根本上为法学教育培育实践型法治人才提供可行性，同时也为实践部门融入法治建设提供推力。

第二，在内容上明确制定实习标准，主要是让学生熟悉真实司法运作和法律适用情况，独立撰写法律文书。政府部门或司法部门针对司法中的可能涉密事件严格与学校做好培训对接，只要学生能坚守司法底线，就不应该受太多实习限制。从而充分让学生在有限时间接触司法实务，如仅是单一的跑腿打杂，既浪费高校教育资源，也阻碍实务资源的检验效果。

第三，责任分配机制紧跟其上，明确将高校实习生的实践培育工作划归实习部门与高校双方，而不是单一地由学校负责，反向激励实务部门培养积极性，例如建立由学生在校导师和实务部门配备的实习导师共同负责制。在政府主导的“实践教学协同创新平台”中实习导师必须及时更新实习生的工作进展与成果，以便在校导师了解学生实习动态；在校导师也必须如实将学生研究方向与科研能力客观真实向实习导师反馈，以便实习导师更好制定实习内容。二者及时高效地进行

---

① 苗金春，杜立聪．基于应用型人才培养目标下的法学实践教学模式探析［J］．潍坊学院学报，2019（05）：81－84．

② 曹志瑜，曹欣．地方高校法学本科教育改革构想［J］．景德镇学院学报，2019（02）：40－43．

双向交流与反馈，检验实习成果。同时也是最为关键的一点，在校导师与实务导师应在联合培养中逐步引导实习生结合毕业论文主题，推动实习进展，通过理论与实践的互动，来加深对问题和法律的思考。[①]

（四）探索高质量导师团队指导制度

实践型研究生的培养需要高质量的导师队伍来保障。因为法学研究生院最重要的工作就是培育法治中国所需要的实践型高端法治人才，而如何培养出这样的人才，导师是最为密切联系的环节。虽然我校法学院在近年来为提升师资团队实践经验进行了大量创新工作，尤其是最近采用双导师制度。但是上文已详细指出在具体适用该制度时我们仍存在一些不足。为此，本文建议在充分利用好现有教师资源基础上，寻求多方协同合作创新体制来对实践型研究生进行培养。

第一，畅通院校与实务部门人员双向交流渠道。对缺乏实践教学经验的教师允许其专心理论知识研究，对于新进法学教师则建议由教育部门牵头，依据实际情况联合制定院校与实务部门人员双向交流实施细则。例如，规定新进法学教师必须到实务部门挂职两年,并对挂职期间的办案数量和质量制定相应的考核办法。新进教师本身具有较强的理论功底，通过到实务部门挂职，一方面可以有效提高他们的实践教学能力，另一方面对于缓解实务部门人少案多的矛盾和办理复杂疑难案件有一定的帮助，对于院校与实务部门而言无疑是种双赢的结果[②]。现有教师扎实理论基础加上新进教师较强的社会适应力，二者相辅相成，从而以较小的成本取得最大的成效，进一步为国家培养出应用型人才。

第二，完善“双导师”制度。目前，我校法学院已经开始探索“双导师”培养专业硕士研究生，但是效果与预期仍有差距。建议法学院在与实务部门创建政府牵头的“实践教学协同创新平台”时，可以将“双导师”制度也置于平台上。双方专门负责人员针对研究生培养方案共同制定，固定出模板，供统一适用。且在具体适用培养方案过程中，校外导师实践教学必须受到及时监督。既给实务部门充分的培养方案自主决定权，又必须在具体实践教学中给予一定的监督限制，让兼职导师这一制度真正地发挥自身价值，而不是浮于表面的理论授课，有效弥

---

① 张健，李胜利．法学实践教学方法设计研究［J］．乐山师范学院学报，2015（06）：89－94．

② 庞庆龙，周伟萌．应用型法治人才培养视角下地方院校法学本科生专业实践能力培养的路径——以玉林师范学院法学专业为例［J］．西部素质教育，2020（08）：160－161，166．

补高校传统教学中的法律技术缺乏问题。[①]除了培养方案的变动外，还可以进一步试行“双导师”的精细化培养模式，让学生在平台上申请对应兼职导师，在整个学习期间由固定的法官或检察官等校外导师指导参与办案实践，学生也可利用寒暑假和实习时间协助辅助指导校外办案，因为“师徒制”的培养方式能直接有效提高学生的专业实践能力。[②]从而推动校内导师给予学生基础、专业、前沿的理论知识及理论创新的指导，校外导师结合自身丰富的实务经验，传授学生将所学理论知识应用于法律问题实际处理过程，二者真正融合，发挥最大作用。

（五）完善实践教学评价体系

综上所述，创新实践型研究生培养机制的根本是校内课程体系改革、校外实践平台协同机制创建和导师教育方式的改进，但这三者需要更为基础的评价体系来予以支撑。只有科学、合理的实践教学考核体系，才能激发教师、学生参与实践教学的积极性，才能真正做好创新实践型研究生的培养工作。

至于教师评价体系，主要针对校内实践教学老师制订独立的考核与评价体系。依据实践教学特色，从传统的科研数量计算，到实践质量替代评估；从实践活动的书面参与到对学生实践成果的指导成效，转变考核的具体考量维度。同时，在具体的实践中应当制定完整的一套教学评价标准、奖励和处罚实践教学机制。尤其是奖惩制度，合理分配科研与实践经费比例，适当倾斜一定经费加强教师队伍的实践能力再建设。例如对在相关实践领域有所建树的导师给以特殊奖教金的奖励，以此激发导师研究实践教学热情，提升教师队伍整体实践能力。

就学生评价体系而言，建议在“实践教学协同创新平台”中除了开设校外实践活动的共享、交流机制，还应该增设学生评价模块，确立以“实践型”法治人才为价值取向的指导思想、评价标准和方式系统性的评价考核机制。改变以往单一的评判尺度，采取多元化考核标准，允许研究生个性化发展，重点挖掘和培养其创新实践能力，发挥法学专业的应用作用。具体而言，应增加学生实践能力考核或比重，不局限于理论知识评价，还应侧重应用能力、法律技术能力等各方面

---

① 蔡立东，刘晓林．新时代法学实践教学的性质及其实现方式［J］．法制与社会发展，2018（05）：93-101．

② 涂光照，周子晴．联合培养：民族地区法学院培养法律卓越人才的必由之路［J］．教育观察，2019（27）：60-61，81．

法律素养，以此来考核学生真正的实践水平。同时构建三方即学生、教师、实务部门协同评估制度。学生作为实践活动的亲身体验者，不只是对自己参与实践教学有所感悟，更要对自己的实践成果进行评估总结，获得对自己的客观评价，以更好地了解自己的不足，提升实践能力；教师在参与“实践教学协同创新平台”后，将不同于传统实践无从了解实践内容、效果。而是可以根据不定期的监督了解，评估实践教学效果，妥善安排学生后期论文的编写；实务部门作为校外实习最关键的环节，对于实践评估占分比重应该有所倾斜，让其客观公正且具有较大主动权地对于学生实习阶段的纪律、效果、执行情况予以评估。①可以说，通过这个平台，可以连接校内校外主体之间的纽带，打破校内老师单一评价考核的壁垒，促进各主体之间的合作与交流，及时、客观地对实践活动的进展进行持续的督导，有效地对实践型法学研究生培养过程中的日常事务进行管理。

结语

在全面建设法治中国的新时代、开启教育新征程的今天，党和国家对法治人才的培养提出了更高标准的要求——加强对学生法律实务技能的培养。而我校作为北京市属重点高等院校，自然应当肩负起为党和国家培养实践型高端法治人才的重任。在未来的创新实践型法治人才的培养工作中，我校法学专业应该在校内课程体系改进、校外实践平台搭建以及导师团队指导上多方协同进行培养，同时完善考核体系进行保障，从而全方位进行创新实践型研究生培养的探索。为打造自己的法学实践教学体系，培养创新实践型高端法治人才贡献一份教学力量。

虽然我校法学专业实践型法治人才培养工作起步较晚，但只要我们认真努力地在借鉴国内其他政法院校的宝贵经验基础上，结合自身独特的优势，不断探索开展实践型法学研究生的培养工作，相信，在不久的将来我们一定能够取得优异的成绩，逐步缩小与国内顶尖高校之间的差距，培养出党和国家需要的高端法治人才。

---

① 张守波，李秀文，谢慧. 探析卓越法律人才培养计划下地方新建本科院校法学专业实践教学[J]. 黑河学院学报，2018（09）：135－136.

法学研究生学术创新环境建设研究

翟业虎

摘　要　法学研究生学术创新环境的建设是法学研究生创新能力培养的基础。本文以加强法学研究生的创新能力为目的，列举当前法学研究生学术创新环境存在的问题，分析这些问题产生的原因，从而进一步提出优化或建构适合于法学研究生的学术创新环境的建议。

关键词　研究生教育；法学教育；学术创新；创新环境

一、引言

2014 年 10 月，党的十八届四中全会通过了《全面推进依法治国若干重大问题的决定》，明确提出“创新法治人才的培养机制”，对法治人才的创新能力提出了新的、更高的要求。法学研究生作为我国创新法治人才的主力军，应当具备卓越的创新能力。然而，随着市场经济和社会转型的冲击，法学研究生出现学术观念淡薄、功利心强而献身精神不足、学术行为失范、学术创新方法偏失等问题。这些现象的出现固然和研究生自身素养有关，但是良好的学术创新环境能够潜移默化地影响个体的学术创新精神，重塑其创新能力。所谓法学研究生学术环境，主要是指对法学研究生学术活动产生强烈、直接影响的客观因素，即以法学研究生的学术创新活动为中心，对研究生在学术上的创新起到直接影响、产生强烈作用的外部条件及其因素的总和。[①]有学者提出，学术创新环境之于研究生，就类

本文系首都经济贸易大学 2020 年研究生教育教学改革项目“法学研究生学术创新环境建设研究”的研究成果。

翟业虎，男，法学博士，首都经济贸易大学法学院教授，硕士生导师。

① 康翠萍，张翠华. 研究生学术环境之我见——基于辽宁地区若干高校的分析 [J]. 大学教育科学，2013 (01)：107－111.

似于生态环境之于生物。生物的繁衍生息离不开良好的生态环境，研究生的学术创新也离不开良好的学术创新环境。[①]因此，建设良好的高校学术创新环境对创新型法学研究生的培养尤为关键。遗憾的是，随着法学研究生的规模迅速扩大，法学研究生培养与管理越来越粗放宽松，法学研究生的学术创新环境也因此得不到应有的保障和维护，加之有限的学术资源与日益增多的学生之间的矛盾加剧以及法学研究生培养体制的滞后，在很大程度上影响了法学研究生的培养质量。在此背景下，高校重新审视当下法学研究生学术创新环境中存在的问题，分析这些问题产生的原因，针对性地开展法学研究生学术创新环境建设就显得尤为重要。

二、法学研究生学术创新环境存在的问题

建设法学研究生的创新环境，首先要先明确当前环境中存在的主要问题。从构成法学研究生的创新环境由诸多因素入手，如物质因素、制度因素、导师因素等，发掘法学研究生学术创新环境存在的问题，并分析其影响，为法学研究生学术创新环境建设提供方向。

（一）物质供给不足

物质供给是研究生学术创新环境建设的基础，一个良好的学术创新环境应当基本满足研究生开展学术研究的物质需求。就法学研究生的学术研究而言，首要的就是进行文献梳理，这就要求图书馆能够提供相关的书籍和资料。但就目前情况而言，院校图书馆依然存在资源更新不及时、资料不足等问题。虽然很多院校图书馆开通了图书荐购、区域馆际互借功能，但是囿于资金以及管理等问题，依然不能及时满足研究生的需求。此外，法学研究的展开还十分依赖电子期刊数据库，尤其在现下，电子期刊数据库的重要性甚至已经超过了实体图书资源。虽然院校图书馆已经建立了较为完善的国内法学期刊数据库，但是外文期刊数据库则远远不够，甚至连 HeinOnline 及 LexisNexis 这种较为常用的外文期刊数据库都不具备，导致很多研究生都滞留在了寻找资源的路上，严重阻碍了研究生的创新之路，挫伤了研究生的创新激情。

① 张雪，刘燕，安海娟，等．生态理论视角下的高校学术环境与研究生创新能力培养［J］．河北联合大学学报（社会科学版），2014（04）：76－81．

（二）教学内容滞后

本科期间的法学教育被我国学者称为大法学教育[①]，即将所有的部门法都作为教学内容，注重的是知识的广度。而研究生阶段就要对所属专业的部门法进行深入研究，应当注重知识的深度。这就要求法学院校在教学内容上进行相应的区分，但事实上，只有极少数院校做到分类教学、按需开课。大部分院校只是将课程换个名字，依旧教授本科期间的内容。而且，研究生教育在实践中往往呈现出"放养式"教育的态度，课程"缺斤短两"严重。有些老师为了省事，打着自主学习、"交流式课堂"的旗号，整个学期让研究生自己做PPT，逐个在课堂上作报告，实际上往往是在走流程，学生应付学习任务，老师应付教学任务，还美其名曰鼓励研究生学术交流。这里并不是反对研究生之间交流，研究生之间的交流是必要的，但是交流式课堂的初衷是让老师和学生、学生和学生之间有充分的互动，从而达到学术讨论的效果，而非让老师和其他学生旁观，随意点评两句了事。缺乏真正的交流，学生很难提高自己的法学研究能力，也很难站在学科前沿进行研究和创新。此外，长期忽视研究方法的教授亦是值得重视的问题。法学抑或是任何学科的研究，都存在基于学科自身特点的研究方法，然而法学研究方法的讲授被很多高校忽视，似乎都默认研究生对本学科的研究方法了如指掌。但是，笔者基于自身的教学经验以及与教育界同仁的交流发现，研究生对法学研究方法的掌握并不尽如人意，尤其是跨专业的法学研究生，由于缺乏法学本科教育的熏陶，其法学思维的建立以及法学方法的应用仍然稍欠火候。"工欲善其事，必先利其器"，在课堂上给研究生"利其器"，才能让他们有创新的工具，更加得心应手地展开学术研究。

（三）教学方法单一

本科教育阶段采用的是传统的师授生听的教学方法，课堂教学的展开以教师为主导，侧重于法学知识的传授，学生大部分情况下只能被动地接受知识，按照教师给定的思路分析问题，得出统一结论。而研究生阶段则要求学生学会独立思考，富于质疑精神，但很多学生的思维模式却难免就停滞了。这就要求研究生教育方法和本科生教育方法要有所区别。但是，当前的法学研究生教育方法大体上

---

① 陈罗兰，沈国娣．论法学硕士研究生教学模式改革［J］．洛阳师范学院学报，2010（02）：146－152．

仍然沿袭了本科的教育方法，学生的主动性得不到激发，也就很难提出新问题。而法学学术研究则恰恰是围绕提出问题、分析问题、解决问题、成果表达这一过程展开。因此，善于提出问题是法学研究生最基础也是最重要的学术创新能力。事实上，法学教育界普遍认为提出一个值得研究的好问题比解决问题，甚至由此形成的论文更加重要，它反映了某位学生对法学领域的知识掌握的广度和深度以及该生对法学前沿问题及其对应的现实问题的熟悉程度，甚至可以说能不能提出一个值得研究的问题，就决定了该生能否在法学学术研究上有所创新。当前的教育模式显然不足以培养研究生的问题意识，自然也就不能指望学生能够有所创新了。

（四）导师制落实失范

导师对研究生的学术生涯起着最为重要的作用，是研究生教育的核心执行者，这就要求导师有足够的时间、精力去指导研究生。但是，由于研究生扩招，僧多粥少的现象越来越突出，虽然大部分法学院的师资力量都较为雄厚，但是平均每位教师都要指导十数位研究生，造成很多教师力不从心。此外，导师个人还要从事教学、科研、行政等工作，而且很多法学教师也兼任律师、仲裁员等社会工作，作为导师毕竟精力有限，必然无暇顾及研究生的学术事宜，研究生导师制形同虚设的现象已经较为普遍，教学质量难以保障，导致研究生的质量也参差不齐。而且，导师为了完成学校的绩效考核，就会将自己的课题或论文分派给自己的研究生去完成，疏于对研究生已有基础和现实能力的考量，从不对相关问题进行指导，导致研究生即使对相关领域不感兴趣或者毫无了解，却也不得不硬着头皮涉猎，这就造成学生的研究内容和研究时间都碎片化，难以形成系统的研究内容，也就不可能在某一方面有所创新了。此外，创新往往是在头脑风暴中产生，需要师生、学生间无数次的思维碰撞，这一过程必然耗费双方大量时间、精力。不少学生因思维惰性或水平有限，向导师寻求“好写”的题目。而导师出于省事的动机，也乐于“馈赠”给学生。于是乎，研究生就变成了所谓的“学术裁缝”，根据题目上知网东拼西凑一篇文章，草草应付了事。即便一些学生能做出漂亮的论文，也缺少了创新这一核心，落入为了写作而写作的窠臼。

（五）缺乏高质量学术交流活动

法学研究是一项理论性很强的工作，因此，法学研究的创新除了要求研究生具有充足的法学知识储备，还需要参加高水平的学术交流活动。首先，学术交流活动可以让研究生接触法学研究的前沿领域，为研究生提供学术创新的方向，使其不至于在迷茫中自暴自弃；其次，学术交流可以激发研究生的学术灵感，使其产生学术研究的兴趣以及学术创新的可能。但是，当前法学院校很少出现高质量的学术交流活动，尤其是缺乏国际性和全国性的学术交流活动，即便有，囿于学术交流经费等问题，也只是教授之间的交流，研究生很难融入其中。缺乏与优秀学者对话的机会，研究生难以更新法学理论知识以及拓展学术视野，创新自然是困难重重。虽然法学院校内部也会举办一些小范围的学术会议、学术沙龙、学术讲座等活动，但大多都流于一般化，很多学生是抱着增加学分的目的才参加，对学生创新能力的提高没有实质性的意义。

三、法学研究生学术创新环境建设的进路

基于前述分析可以看出，法学研究生学术创新环境建设是一个多方面、多层次、体系性的综合工程，建议法学院校从物质建设、教学内容、教学方法、导师责任以及学术交流五个方面展开。

（一）加强物质建设

一方面，高校要加大图书馆建设的经费投入。法学研究生进行学术创新需要图书资源、电子期刊数据库等配套资源，如没有大量的经费投入是无法齐备的。然而一所高校的经费毕竟有限，这就需要管理者合理配置经费，重视图书馆的物质建设，特别是在图书荐购和电子期刊数据库方面，确保满足研究生的学术研究的基本要求。另一方面，在学校资金有限的情况下，谋求校际合作，共同打造电子期刊数据库的网络共享平台，使各方能够互通有无，学术资源得以充分利用。[①]这样不仅可以提高高校资源的利用率，而且可以缓解资源不足的尴尬处境，形成多方共赢、协同发展的有利局面。此外，加大研究生科研创新成果的物质奖励力度亦是促进创新的可行之路，可将学校认定的核心期刊分级作为奖励标准，一经发表，即予以相应等级的物质奖励。

① 刘兹恒，涂志芳．数字学术环境下学术图书馆发展新形态研究——以空间、资源和服务“三要素”为视角［J］．图书情报工作，2017（16）：15－23．

（二）优化教学内容

研究生与本科生最大的区别在于研究生必须从事科研工作，所以研究生教学不仅要让研究生掌握本专业的高深知识，还要让其获得科学研究的方法和理念。因此，教师应当转变重视本科教学而忽视研究生教学的倾向，加强研究生教学的备课质量。在具体的教学内容上，应尽量削减法学专业的基础知识，注重以具体的研究问题为核心，围绕要解决一个或多个问题安排教学内容，教授更具争议性和启发性的知识，充分调动研究生的创新积极性。[①]这也对研究生教师提出了更高的要求，教师需要凭借自身的学术功底，结合当下的前沿问题的发展趋势来确定授课内容。研究问题必须难易适中，难度过高会使学生产生挫败感，进而使其对创新产生畏惧感；难度过低则缺乏探索研究的必要。因此，授课时应选取学术界尚未定论、具有争议性的学术问题。此外，该问题应具有现实意义，可以结合现实案例展开，研究此类学术问题容易调动研究生的积极性，也容易使其产生成就感和从事科研创新的积极性。此外，在学院层面，应当重视法学研究方法和论文写作的教授。所谓掌握法学研究的基本方法，比如比较研究法、历史分析法、社会分析方法、利益平衡法等，唯其如此，研究生才能深入分析法律现象、反思现行法律规定、进行理论创新。而论文写作则是法学研究生创新的直接体现，论文写作的教授应当着重于选题、文献检索、材料收集和重组、文献综述、大纲整理、文字表达等方面，引导研究生学会整合材料，准确表达成果。由于每位教师各有自身的学术特点，所擅长的研究方法和论文写作模式也不尽相同，且研究生自身的研究风格亦是迥异，所以学院应当运用教研组授课的方式，即同一专业教研组的老师轮流授课，讲授自身的研究和写作经验，让研究生旁证博采，掌握符合自身的研究创新手段。

（三）推行研究性教学方法。

所谓研究性教学方法，是以案例教学法、小组讨论法、问题导向等教学方法为代表，将学术研究过程直接引入课堂的一类教学方法。[②]此类方法的目标是促进师生交流，在思想碰撞中激发学生的创新能力。在具体的操作上，与传统的灌

---

① 任彦君. 论法学研究生创新能力的提升［J］. 周口师范学院学报，2012（06）：139-142.

② 吴瑞林，王建中. 研究性教学与研究生创新能力培养［J］. 学位与研究生教育，2013（03）：10-15.

输式教学方法不同，研究性教学方法的展开可以是一个具体案例，也可以是一个研究专题，抑或是其他任何有学术价值的法律现象。学生往往需要针对某一案例或专题，完成资料收集整理、文献阅读讨论、文献综述撰写、法律问题分析、形成研究报告等一系列过程，然后在课堂上以作报告的方式进行分享。因为每个人的知识结构和解析思路不尽相同，必然会产生不同的观点。而教师就要鼓励不同声音的对立，让各方充分阐释自己的观点，而且教师也可以将自己视为学生的一员，表达自己的价值取向和理由，在争议中激发学生参与课堂的积极性，也让研究生能够在开放的、活跃的课堂氛围中获得知识积累和创新灵感。当然，关于案例或专题的选择，则要求教师凭借自身的专业素养，结合学术前沿的发展趋势进行选取或者和学生协商。值得注意的是，此类教学方法要求教师坚持研究生的主体地位，但这并不意味着教师就可以充当旁观者，而是应当秉持学术平等的态度积极地与学生进行交流互动，潜移默化地引导课堂节奏。此外，为了配合研究型教学方法，对学习成果的考核也应当有所革新。首先，就学生的平时成绩，可以先将班级成员分为数个小组，由小组完成专题研究，最后在班上进行分享讨论，以此作为学生平时成绩参考项。其次，就学生的结课成绩，要求其完成文献综述或研究报告，并在课堂上进行展示。在这样的考核方式下，既能督促学生与他人交换想法、协同互助，也能锻炼研究生独立思考、独立完成科研工作和独立撰写论文的能力，为创新成果的产出提供条件。

（四）落实导师责任

落实导师责任是针对院校管理而言的。众所周知，导师是对研究生学术生涯影响最大的人，只有学术能力强且富于责任感的导师，才可能培养出具有创新能力的法学研究生。首先，导师义务应当从以下几个方面确定：第一，在研究生入学之初，导师应当充分了解学生的兴趣所在以及知识强项，按照研究方向与研究生一起制定培养方案，合理配置教育资源，使研究生具备博而精的知识结构；第二，在平时的研究生活中，要结合研究生的研究方向，推荐专业阅读书目，并定期检查其读书笔记，敦促其完成知识积累，为学术创新打下坚实的基础。但也需注意摒弃权威式的管理理念，给予研究生自由选择学术材料和学习方式的权力，营造良好、宽松的学术自由的氛围；第三，导师应当定期和研究生召开学术交流会，了解学生的学术进展和遇到的困难，便于及时进行指导。在交流中要秉持学术平等的态度，允许研究生提出疑义，使学生敢于大胆地攀登创新的高峰。但开展学术交流会也需要一定的计划性，提前确定相关主体，不可将学术交流会流于形式；第四，在导师接手的专业研究项目或课题中，应尽量纳入自己指导的研究生，为其创造更多的接触理论创新活动的机会。①法学研究生已经掌握了本专业的基本知识和一定的研究方法。因此，导师可以带领学生一起参与专业课题的研究，促使学生围绕课题研究进行知识运用和经验积累。既有助于优化研究生的知识结构，又训练了研究生的研究能力，有效提高学生的理论水平与创新能力。但是导师也不能当“甩手掌柜”，将所有科研任务都交由学生完成。应当言传身教，及时提供必要的引导和点拨，使学生在导师的传承和熏陶中领悟“内隐”的研究方法的运用。②其次，导师的责任落实考核可以与研究生的创新能力培养挂钩，培养质量可以参考诸如研究生的论文发表数量及质量、研究生的读书笔记的数量及质量、师生学术会的举办次数、研究生参加的专业课题数量等。这些都可以一学期进行一次考核，设置奖励标准，激发导师在培养研究生创新能力方面的积极性。也可以对不达标的导师进行批评通报，敦促其积极履职。

（五）建立高端的学术交流平台

学术交流平台建设分为校内建设和校外建设两个部分。校内建设是一个立体化工程。第一，在学院层面，可以将学术交流分为教研组和全院两个级别，首先由同一专业教研组内部组织导师和研究生进行学术交流会，突破单个导师指导的局限性。其次，各教研组确定本学科的主要议题，在全院的学术交流会议上进行报告分享，进一步打破学科之间的壁垒。第二，在学校层面，以研究生创新中心的建设展开。③具体而言，可以以研究生院为组织者，利用研究生会联络各个学院，建设研究生创新中心，组成多学科的创新基地，使得来自不同专业的学生能够进行跨学科的交流。组建跨专业学术团队，鼓励不同专业的教师联合申请跨专业交叉项目，其指导的研究生自然也能够参加该类项目的研究，达到带动一片的

---

① 李朝阳．法学研究生创新能力的培养机制研究［J］．学习月刊，2016（20）：40－42.

② 王琪．研究生应如何学习研究方法——基于知识分类的视角［J］．学位与研究生教育，2011（04）：67－70.

③ 杨卫．营造研究生教育的创新环境［J］．学位与研究生教育，2005（01）：3－6.

目的。[①]此外，亦可移植宁波大学学术节的成功经验，举办本校学术节，主要内容包括教授讲座，优秀青年学者、博士论坛，专家治学经验分享，各院研究生学术论文现场答辩等。此种模式能够形成人人参与创新活动、主动融入创新氛围的新常态。[②]校外建设则可以围绕三个方面展开：第一，暑期学校。在暑期，所有常规开设的课程都空下来了，全国各地的专家学者多有时间，以此为契机集中邀请某一领域的若干位专家学者，进行集中的学术讲座。还可以考虑邀请一些国外的知名学者，介绍国外相关领域的发展；第二，扩大学术节的影响范围。以宁波大学研究生学术节的发展为例，历经了从宁波大学校学术节向宁波市学术节的扩展。多所大学和学术机构的联合举办，不仅带来了充足的资金，亦形成了“校校—校企—校政”协同的有利局面，为研究生跨校交流提供了有利的平台。第三，举办区域性的学术论文竞赛。以首都经济贸易大学法学院为例，已经成功举办两届“京津冀高校法学学术论文大赛”，由获奖学生进行学术交流分享，形成了区域性良性竞争以及带动学生交流的良好局面，有利于激发研究生的创新热情。总而言之，构建层次性、互动性、系统性相结合的研究生学术交流平台，形成形式多样的学术交流活动，目的就在于活跃学校学术氛围，开拓法学研究生的学术视野，完善其知识结构，有效地激励法学研究生的创造性思维和创新活动。另外，法学是研究社会运行规则的一门专业，其触角必然涉及社会生活的方方面面，有时从法学的视角难以进行创新突破，说不定换个视角就能有所收获，法社会学、法经济学就是典型的例证。

四、结语

法学研究生学术创新环境建设是一个多方面、多层次、体系性的综合工程，首先需要保障法学研究生创新所需的物质环境，重视图书馆的经费投入；其次，在教学内容上要以问题为导向，重视法学研究方法的教授；再次，教学方法上应当摒弃传统的灌输式的教育方法，应推行研究性教学方法；此外，导师责任的落

---

① 陈安华，胡燕平，颜建辉，等. 构建多学科融合学术环境 提高研究生创新能力［J］. 当代教育理论与实践，2010（04）：47－49.

② 杨厦，郭春瑞，刘友女. 研究生培养的创新环境建设探析——以宁波市研究生学术节合作共享模式的实践探索为例［J］. 宁波经济（三江论坛），2016（07）：21－23.

实也不容忽视，既要明确导师的义务，又要完善导师责任落实情况的考核；最后，学术交流平台的建设可以围绕校内、校外两个方面进行，校内建设分院校两级进行立体化建设，力求打破学科和专业的壁垒，拓宽法学研究生的学术视野。校外建设围绕校际交流展开，充分利用地缘优势，形成交流、竞争、进步、创新之局面。

“双一流”背景下完善研究生课程质量评估的思考

尹少成　王　海

摘　要　研究生课程质量评估对提升研究生培养质量具有重要意义。在国家“双一流”建设背景下，完善研究生课程质量评估对实现“双一流”战略目标更具长远意义。通过对完善课程质量评估的意义和对我国研究生课程质量及其评估的现存问题进行分析，我们能够更好地在必要性和重要性两个维度上把握研究生课程质量评估的现状和需改进的方向，从而为完善研究生课程质量评估提出切实可行的思考建议，最终为实现“双一流”建设目标贡献绵薄之力。

关键词　双一流；研究生；课程质量；评估

一、引言：“双一流”背景下对研究生培养提出新要求

2015年10月，国务院印发《统筹推进世界一流大学和一流学科建设总体方案》，我国正式启动“双一流”建设，提出要培养拔尖创新人才、提升科学研究水平。根据教育部的数据统计，2020年我国在学研究生将达300万人。在此背景下，2020年9月，教育部、国家发展改革委、财政部三部委联合发布了《关于加快新时代研究生教育改革发展的意见》，提出“抓住课堂学习等关键环节，落实全过程管理责任”的要求，[①]进而全面从严加强管理，提升研究生的培养质量。一流的研究生教育是培育一流人才的“胚胎”，因此，抓好研究生教育对于培养一流人才，

本文系首都经济贸易大学2019年研究生教育教学改革项目“研究生课程质量评估研究”的研究成果。

尹少成，男，法学博士，首都经济贸易大学法学院副教授、副院长，博士生导师。王海，男，首都经济贸易大学法学院硕士研究生。

① 中华人民共和国教育部．教育部、国家发展改革委、财政部发布《关于加快新时代研究生教育改革发展的意见》［EB/OL］．［2020－01－11］．http://www.moe.gov.cn/srcsite/A22/s7065/202009/t20200921_489271.html．

实现“双一流”建设目标具有杠杆效应。

在整个研究生培养体系中，研究生课程是研究生培养的重要组成部分，但同时也是当前研究生培养中比较忽视的环节，如何保障研究生课程质量，是提升研究生培养质量的重要举措之一。因此，我们有必要通过构建科学、合理的评估体系，为研究生课程质量评估提供有力的抓手，进而不断提升研究生课程质量，助力研究生培养质量的提高，为实现“双一流”的战略目标作出应有贡献。

二、重视我国研究生课程质量评估的意义

研究生课程是研究生整个培养体系和培养过程中最基础的一部分，研究生课程质量的高低决定了研究生的培养结果是否达标，而研究生课程质量评估则是评判和整合研究生课程的重要保障，更是研究生培养中不可或缺的一部分。

（一）重视研究生课程的质量化

研究生课程的质量高低对研究生的知识储备结构和学术培养能力都具有重要影响，①因此，研究生课程质量评估首先就是要重视研究生课程的质量化，这是评估的首要目的，也是将评估作为一项常态化工作要求的原因。

1. 对课程教学内涵进行重新界定

受传统教学观念的影响，长期以来，研究生课程教学的主要内涵依然是传授知识，而这种内涵所呈现出的研究生培养价值观几乎与本科教育的培养目标如出一辙，使研究生的课程划定永远“跳不出”本科的课程范围，更无法使研究生的课程对接“双一流”背景下研究生的培养目标。

研究生课程质量评估重视研究生的培养质量，而这首先就是要转变对研究生课程教学的传统观念。研究生的课程教学中，传授知识只是教学的一部分或者说是一种“启动”方式，而重点是要落脚到培养研究生的独立自主科研能力的形成和发展上来。②并且，研究生课程质量评估中会涉及“教师”与“学生”两个方面，如教师授课与学生评教的互动，而这也会对传统的课程教学内涵形成一定的冲击，使课程教学的内涵不断受到“学生”方面的滋养和发展，有利于研究生课

① 张慧敏，卢润德. 硕士研究生课程质量保障体系教学探究[J]. 继续教育研究，2011(01)：98-100.

② 金红梅. 基于对教学意义重新认识的研究生课程改进思路［J］. 学位与研究生教育，2008（09）：37-41.

程教学中“教学相长”模式的形成。研究生课程教学已经不再是老师去单纯地执行教学任务，学生的自我培养、课堂交流和课后互动将不断地渗透到教学中。这就是评估所带来的价值，它会厘清研究生课程教学的现状，对课程教学的内涵进行重新界定。

2. 对课程教学质量进行宏观调控

课程质量评估实质是一种动态的评估过程，它促使学校在评估过程中及时发现课程质量存在的问题，对课程教学质量进行宏观调控。传统的教学检查只是在课程结束之后才会发现问题，这样不仅不会使课程教学质量得到保障，还会使课程中存在的问题继续保留一段时间，之后是否改正也无跟进和反馈。因此，这些都不利于教学质量存在的问题得到及时解决。

课程质量评估的宏观调控作用体现在能够及时查看教师的授课情况，通过发现问题，迅速作出反馈，并促使其及时改正，沿着正确的方向提高。这样的宏观调控作用最终有利于形成动态、及时和长效的评估机制，有利于问题化解在过程中，使研究生的课程教学不断得到优化和调整，课程教学质量显著提高。

3. 对课程教学改革进行系统深化

课程教学改革有其内部自省式、定时性的改革方式，也有受外部因素影响而形成的“倒逼式”改革。课程质量评估正是一种对课程教学进行外部“倒逼”的改革方式，但是它能够向内部自省式的改革一样深入课程教学的内部，对课程教学评估中存在的各项指标进行具体规定。而正是这些具体的指标促使授课教师在教学过程中不断充实课程教学内容，更新课程教学知识，不断改进课程教学方式，[①]同时也不断向学生层面进行渗透，注重学生关于课程教学改革的“发声”。

课程质量评估虽表面独立于课程教学工作而存在，但是评估的内容、方向均来源于课程教学工作，所以它既能“取之有道”，又能在“一览众山小”的高度去看待课程教学中所存在的问题。因此，课程质量评估能够对课程教学改革进行系统深化，让课程教学质量稳步提高。

---

① 吕贵，蒋仲方，葛晶．建立研究生课程授课质量评估制度的初步尝试［J］．学位与研究生教育，1990（01）：34－35，38．

（二）展现研究生课程的独特性

研究生课程有着建立在本科课程基础上的更高层次的，更为专业的教育水准和模式。而研究生课程质量评估会对研究生课程的独特性进行深层挖掘，找到研究生课程的“闪光点”。[①]传统的观念认为研究生课程只是学历更高的人去读较为专业的通识课程，抑或是认为研究生课程是将本科课堂的“大堂课”转换为“小班级式”的小课堂。我们不可否认，研究生课程脱胎于本科课程，但是其绝不是本科课程的简单复制，而有其独特的授课方式、培养模式和教学体系。研究生课程质量评估就是要重视研究生课程的地位，发挥其应有的独特价值，进而服务于“双一流”建设下的研究生培养目标，具体可以体现在以下三个方面。

1. 发挥研究生的能动主体作用

研究生课程的培养目标本身就致力于研究生的发展。[②]目前，研究生在课程质量评估中参与得最活跃的部分就是学期末的网上课程的教学评价。通过这种形式的课程质量评估，研究生的主体作用得以发挥。但是，我们不能仅让研究生的主体作用体现在网上教学评价中，还应该将其作为一个“发端”，在“教学相长”的模式下，发挥研究生的能动作用，让其成为研究生课程的“建设者”，为研究生课程质量和水平的提高建言献策，贡献其自身的力量。同时，也可以让研究生成为研究生课程的“体验官”和“享受者”，通过提高研究生课程质量，研究生能够充分运用研究生课堂去提升自己的知识能力、思维水平和科研精神，而不再让研究生课程流于形式。这就是课程质量评估带给研究生的能动主体作用，使其尽情发挥，于教于学都大有裨益。

2. 反哺研究生的运用能力和创新能力

研究生课程质量要想提高和发展，当务之急是要破除“唯知识论”的质量观。在这种传统、陈旧的质量观的主导下，仅以学生掌握知识的多少来衡量研究生课程质量的高低，已经无法适应社会发展的需要。[③]在当今知识大爆炸的时代，创

---

① 孙建侠．研究生课程教学评估相关问题探析［J］．理工高教研究，2008（03）：52－54．

② 郑冬梅，刘二莉，燕瑛．研究生课程教学质量评估体系的探索与实践［J］．北京航空航天大学学报（社会科学版），2009（S1）：13－16．

③ 赵群．构建研究生课程教学质量评估体系的探索［J］．昆明理工大学学报（社会科学版），2006（01）：96－99．

新反而显得尤为重要。通过对课程质量进行评估，不是要让我们轻视知识的作用，而是要把课堂教学中所学到的知识作为提高研究生运用能力和创新能力的基础，让研究生培养在掌握知识、运用知识和提高创新度三者上共同发力。

为了响应“双一流”建设中“培养拔尖创新人才，提升科学研究水平”的要求，课程质量评估的具体指标能够考虑到提高研究生运用能力和创新能力的水准来进行设置，从而更好地引导研究生课程向实现“双一流”背景下研究生培养目标的方向迈进。

3. 提升师资水平，整合教学管理队伍

目前，授课教师大多将时间倾注在科研和社会兼职上，对研究生课程的投入较少。这使得课程教学质量严重下滑，教学管理也难以开展。重视研究生课程质量评估，其中很大一部分就是针对授课教师而言的。从人才配置和开发的视角看，教师属于知识型员工，其对课程的投入程度、控制能力和产出效果，很大程度上决定了研究生课程的水平和质量。①

总之，一方面，对授课教师进行评估，有利于深入挖掘授课教师的教学潜能，提升研究生教学的师资水平。另一方面，规范授课教师的教学行为，营造重视教学的良好氛围，也有助于整合教学管理队伍，提高管理质量。

（三）发挥课程质量评估的功能性

研究生课程质量评估不仅服务于提高研究生课程的质量，还要发挥其自身在研究生培养中的功能性作用。研究生课程质量评估虽然是为了监控和解决研究生课程的质量问题而被提出的，但是，对评估进行深化和提高，将会成为一支风向标，对整个研究生教育和研究生培养都起着不可忽视的作用。它能够把握研究生教育改革和发展的动态，建立一系列保证研究生教育质量的制度，同时，它也能注重反馈，让研究生培养质量的发展和提高始终沿着正确的方向行进。

1. 重申评估目的，发挥导向作用

课程质量评估不论是最早被提出时所承担的任务，还是在今后研究生培养中所体现的目的，均是为了加强研究生课程的管理，提高研究生课程的质量，进而保证研究生培养的质量。但是，目前的评估与研究生课程教学一样均存在“形式

---

① 杨瑞龙，宋东霞，史文芳．优化研究生课程教学评估办法［J］．中国高等教育，2001（20）：21－23．

主义”，评估的功能和价值无法发挥。重视研究生课程质量评估，就要摆正评估本身的位置，重申评估的目的，这样才能让评估更好地为研究生课程质量服务，为研究生培养质量服务。

政策起着风向标作用，同样，课程质量评估的导向作用也尤为突出。[①]评估能够找出高校自身存在的问题，引导其沿着客观、正确的方向去提高教学质量和办学水平。评估之后不是要放任问题不管或者盲目跟从名校去进行改革，而是要让高校结合自身特点形成自己的特色，克服研究生教学质量改革中普遍跟风性的不良倾向。重视课程质量评估，就是要让这种导向作用得以正确运用，在思想上为高校改革指明方向。

2. 建立激励制度，促成竞争机制

优秀的研究生课程不仅会关注研究生的全面发展，还会关注授课教师学科素养的提升。但是，目前授课教师在研究生课程上的投入精力和积极性普遍不高，没有形成研究生课程是高级的、专业的优秀课程的教学观念。[②]这不仅导致研究生课程质量严重下滑，而且授课教师的学科专业性和参与度也都大打折扣。

重视研究生课程质量评估，会对研究生课程中教师部分的情况进行全面分析，筛选出优秀的授课教师和优秀的研究生课程，有助于高校建立激励制度，对优秀授课教师和优秀课程的学科带头人进行奖励，从而激发授课教师从事研究生课程教学工作的积极性。同时，有利于在教师队伍中促成竞争机制，下足教学苦功，狠抓教学管理，增强授课教师们的荣誉感和责任心，在整个高校教师队伍中形成“崇尚优质教学”的氛围。

3. 形成监督体系，注重评估反馈

研究生课程质量评估会对研究生培养工作形成完整的监督体系。首先，通过评估，可以为进一步了解研究生课程的具体教学情况提供第一手的资料，能够及时发现课程教学中存在的问题，而不让问题被掩盖或继续扩大，严把课程质量关。其次，课程质量评估也会影响研究生培养中科研方面和管理方面的调整，在监督上形成闭合环。

---

① 黄楠．高等院校研究生课程质量评估方法研究［D］．中国人民解放军国防科学技术大学，2002．

② 金红梅．基于对教学意义重新认识的研究生课程改进思路［J］．学位与研究生教育，2008（09）：37－41．

完成评估的相关人员会及时对评估数据进行分析，进而撰写评估的书面材料和报告，将评估中的每一项指标数值反馈给授课教师和管理人员，为课程改革、教学建设以及教师激励等各项工作提供翔实的参考依据。[①]这就是课程质量评估的价值所在，其不仅严格监督研究生课程教学的全过程，还重视最终的结果“输出”，将评估的反馈真正落到实处，服务于研究生培养工作的各个环节。

三、我国研究生课程质量及其评估的现存问题分析

目前，在我国的研究生培养体系中，研究生课程一直被忽视，其质量明显不高，而研究生课程质量评估也大多流于形式，未受重视，评估的体系、方法和内容构建均不合理。本章通过对我国研究生课程质量和研究生课程质量评估的现存问题进行抽丝剥茧式的系统分析，以此找出制约我国研究生教育实现“双一流”战略目标的症结所在。

（一）我国研究生课程质量存在问题的分析

研究生课程对推进研究生全面提升其专业素质具有重要的意义。然而，目前研究生课程的质量无法保证，问题频出，无法对接“双一流”建设下全面深化高等教育综合改革的要求，[②]成为制约高等教育发展的弊端，变为“拖后腿”的一员。以下将从研究生培养的外部因素和研究生课程的内部因素两个维度去分析我国研究生课程质量中存在的问题。

1. 外部因素：研究生课程培养未受重视

（1）“重科研、轻教学”的传统培养观

1978年后，我国的学位与研究生教育开始恢复发展，呈现一片欣欣向荣之势。但是，为了攻克科研难关，大批量培养高精尖的应用型人才，研究生教育的大部分精力都投入到科研当中，基础教学几乎没有发展的余地。直到现在，“重科研、轻教学”的研究生培养观依然普遍存在于高等教育的各个方面。

---

① 王芳，贾青青，邓慧萍，黄宏伟．研究生课程教学质量评估体系构建初探［J］．学位与研究生教育，2011（01）：53－57．

② 黄明福，王军政，肖文英，唐胜景．“双一流”背景下的研究生教育体系化建设——以北京理工大学“666工程”为例［J］．学位与研究生教育，2018（02）：11－16．

在教师层面，将教师职称的评定与科研成果挂钩，而对教学效果这一重要指标却几乎不涉及。这种“科研为主”的评定取向使得教师们偏离原来的教学轨道，转而将全部精力投入到科研之中，忽视了研究生课程培养的重要性。①在学生层面，研究生综合素质和奖助政策的评定以及毕业的条件依赖于发表论文的多少和质量，而研究生课程的学习成绩所占比重却很小。这种“论文为王”的评定取向使学生开始漠视研究生课程的意义，将大量的时间投入到做实验、做课题当中，甚至以此为理由旷课。不管是教师层面，还是学生层面，都暴露出“重科研、轻教学”问题的严重性，研究生课程质量大受影响。

（2）过分追求研究生规模的扩张

2010 年，我国研究生招生规模不足 55 万人，到 2019 年激增至 91.7 万人。其中，由于自 2017 年后非全日制硕士研究生纳入统考，硕士研究生招生人数涨幅明显，在 2018 年达到了 76.2 万余人；博士研究生招生人数也有明显增长，2019 年超过了 10 万余人。②近些年来，我国研究生规模在迅速扩大，但教学资源却显得捉襟见肘，无法达到与人数相匹配的程度。学科建设水平不高、教学师资力量不足等问题均反映了我国在过分追求研究生规模的扩张，而相关的课程教学的经费和设施却无法满足教学的需求。这导致研究生课程的培养只是本科课程的复制，除人数比本科较少以外，几乎与本科课程没有差别。相关资源有限使得研究生课程教学任务未能落实，最终使研究生课程培养质量受到影响。

（3）培养目标的利益化和盲目化

国家对研究生的培养目标是向社会输送高素质的人才，而研究生课程培养正是研究生成长成才中最全面、最基础的环节。但是，如今，高校对研究生培养中研究生的基本功是否扎实却往往忽视，转而去单纯地追求培养目标的利益化，如高校科研成果获奖的数量和级别、博士学位点和硕士学位点的多寡，这不免有“本末倒置”的嫌疑。的确，研究生教育要立足于“研究”二字，但课程教学中对知识的掌握是研究能力和创新能力的基础，研究生开展研究活动需要以一定的知识

---

① 赵向华．提高硕士研究生课程质量的若干思考［J］．中国农业教育，2016（02）：84－87．

② 中国教育在线．2020 年全国研究生招生调查报告［EB/OL］．［2021－01－12］．https://www.eol.cn/e_ky/zt/report/2020/abstract.html．

积累为后盾。[①]此外，研究生的培养目标也呈现盲目化趋势，一味地追随名校教学改革的步伐，试图直接复刻改革成功的经验，不切合自身的实际，最终只会导致研究生课程体系更加不合理，研究生培养质量不升反降。

2. 内部因素：难以达成培养目标的传统教学观

（1）教学态度不端正

目前，受“非升即走”观念的影响，高校教师面临巨大的科研压力，几乎将全部的工作精力都投入到科研当中，对研究生课程的授课缺乏积极性，并且也存在“重科研、轻教学”的偏颇，甚至产生了教学惰性，教学态度不端正。这使得研究生课程的教学进度缓慢，无法按时完成课程培养任务。[②]有一些教师还受其他社会兼职的影响，随意调停研究生的课程，或者上课迟到、早退，使研究生课程的教学秩序受到严重干扰。

（2）教学内容“旧”“窄”“浅”

研究生课程的内容过于陈旧，缺少对前沿知识课程的开设，使用的教材和课件也无法对接学科前沿，使研究生对获取知识的兴趣度大大减弱。同时，授课教师传授的内容也只局限于准备的课件，缺乏对学生研究性思维的开拓。在研究生课程教学内容的设置上也没有区分度和层次性，授课教师给本科生和研究生的授课内容存在重叠现象，更无法要求其在教学内容上具有衔接性。此外，也没有根据专业硕士和学术硕士培养计划的不同去设置具有针对性的教学内容。这些问题都严重影响了研究生课程教学内容的深度和广度，不仅浪费了研究生的学习时间，也无法体现不同层次的教学要求和培养目标。[③]

（3）教学方法单一化

许多授课教师依然沿用通识教育时的填鸭式灌输教育法，只是一味地将教学内容进行“输出”，缺少对研究生学习方式和钻研能力的培养。研究生课程缺乏“学术探究性”，[④]留给研究生进行研讨和思辨的空间很小，欠缺对教学和科研的有效

① 段丹．提高研究生课程教学质量的若干思考［J］．江苏教育学院学报（社会科学），2010（07）：71－72．

② 徐丹，王营．“双一流”建设背景下提升研究生课程质量的思考与实践［J］．教育教学论坛，2020（42）：192－193．

③ 孙健．研究生教育课程结构及其优化的理性思考［J］．中国高教研究，2012（03）：36－39．

④ 罗尧成，谢安邦．论研究生教育课程体系开发的三个理论基础［J］．教育研究，2008（04）：30－35．

结合，将课程内容和“学术探究”剥离开来，无法在课堂上培养研究生的批判性思维。并且，课程特色也不鲜明，忽视了知识的相互交叉和横向联系，使研究生教学失去了研究性，这会让研究生缺乏接受课程教学的动力，从而导致研究生创新能力的培养和课程质量的提高均难以实现。

（4）教学效果难保证

师生之间缺乏互动，老师在讲台上“自我演说”，学生在讲台下“埋头苦干”。课程教学既无预定的目标，也无设定的任务。老师不是照着书本读，就是在“天马行空”地宣讲自己的学术思想，没有对不同的学术观点进行对比和探究，也没有留给学生进行启发和案例讨论的机会。教学氛围沉闷，学生所能获得的有用知识极少。结课形式随意，学生胡乱拼凑一篇文章即可“交差”，老师简单阅读即不了了之。学生是否掌握教学内容以及知识和能力的“输入”多少不闻不问，教学后的效果难以保证。

（二）我国研究生课程质量评估存在问题的分析

研究生课程质量评估不仅要遵循我国研究生培养的规律和特点，还要时刻关注研究生课程改革和发展的动向，必须考虑和把握好研究生课程教学中的每一个因素和环节。我国研究生课程质量评估由于起步较晚，尚处于摸索和探讨阶段，对于评估的建设还有待加强。以下从课程质量评估的体系、方法和内容三个方面入手，分析我国研究生课程质量评估目前存在的问题。

1. 课程质量评估外部体系不完整

课程质量评估的体系是否完整，关系到评估在过程和结果中的客观性和准确性。目前，我国研究生课程质量评估体系不管是内部层面还是外部层面都不健全，甚至存在混乱，严重影响了课程质量评估工作的开展。内部层面主要体现在评估的方法和内容上，下文将具体阐述。本节主要探讨体系外部层面存在的问题。

课程质量评估的外部体系起到提纲挈领的作用，能够让评估者很直观地看清楚所要评估的各项指标和参数，对整个评估工作有一个整体的把握。而目前，我国各高校在课程质量评估时为了节省投入成本，应付质量检查工作，大部分都只采用量化分析，把评估指标框定在具体的选项中，几乎很少采用定性分析。即使部分高校在评估中采用了定性分析，也是太过笼统、设置的提问含糊不清，根本无法得到真正的课程质量问题反馈。因此，我国研究生课程质量评估外部体系不完整主要体现在没有将定量评估与定性评估相结合，或者说大多都采用量化评估，却忽视了质性评估。这使得整个评估的外部体系显得“头重脚轻”，缺少合理的编排。只有将定性和定量二者充分结合起来，才能在具体实践中真正发挥评估的科学性和合理性，才能更好地体现其课程质量评估所带来的价值功能，[①]否则只是一堆无用数据的堆砌，不仅耗费人力、物力和财力，而且课程质量存在的问题也无法解决。

2. 课程质量评估方法不完善

目前，各高校在研究生课程质量评估中使用的方法主要是按照主体的不同进行划分的，但是对主体的划分也还是不够完善，已有的主体评估方法需要规范和改善，而所缺少的主体评估方法需要引入和借鉴。

（1）专家评教需规范

专家评教在形式和方法的种类和全面程度上，我们不必求全责备，实际上已经很好地满足了课程质量评估的要求，如采用听课、办公室座谈、访谈会、定期考察等形式。[②]但是，在对评估工作进行具体实施时，大多陷入形式主义，或者某些专家存在“不想得罪人”“多一事不如少一事”的态度，使评估后所得结果的真实性无法考证。专家的评估分值拉不开档次，座谈和访谈后所得到的评估内容也大多来自被评者的口述，专家并没有抱着追求客观真实的态度去积极评估。即使是在定期考察中，专家也会提前与被评者“打好招呼”，致使考察的课程现状实质与日常的授课状态大相径庭。因此，专家评教在实践上亟须规范。

（2）学生评教需改善

当前的学生评教一般只停留于学期末，大多采用研究生信息管理系统网上评估或者分发答题卡回收后由评估机进行读卡。首先，学生评教只是在不耽误研究生课程安排和课堂质量的情况下进行，缺乏在期中、期末、月评和季评等多时段相结合进行评估，看不到课程质量发展的过程。其次，研究生一般为了应付评教，大多胡乱涂卡或随意点击选项，很少注意评估的问题设置，让评估成为一项“被

---

① 郭岩，刘爱华．优化研究生课程评价 保障培养质量［J］．文教资料，2005（29）：55－56．

② 赵群．构建研究生课程教学质量评估体系的探索［J］．昆明理工大学学报（社会科学版），2006（01）：96－99．

逼”的任务而流于形式。最后，评教中应包含教师授课与学生学习两个方面。而传统观念的评估认为评教只针对教师进行，这缺少了学生自己对自身学习的客观评价，缺乏课程中和结课后学生对自己知识获取和学习态度等方面的评判。因此，还需要进一步改善。

（3）教师评教需引入

教师在课程质量评估中一直呈现一种“被动”的局面，成为被评的对象。[①]教师作为教学中的一方，通过课堂的教授，会得到诸多教学感悟，理应允许他们积极参与到课程质量评估中，去发表自己的教改见解和教学体会。目前，教师对课程质量的评估只体现在给研究生的期末成绩中，几乎看不到他们在其他评估中的参与。所以，目前的课程质量评估只能说是对教师教学水平的评估，而不是对教学质量的评估，这严重影响了评估的全面性和整体性。正如前述所提到，“教学相长”模式下应当是“教”与“学”并重。因而，高校应加快引入教师评学，让教师对学生各部分的学习效果和状况进行系统评价，并定期作教学总结，关注学生在课程中的发展动态，通过评估提高教师的积极性。

（4）社会评价需借鉴

21世纪初，我国的研究生教育改革方案中曾提出过有关让社会评估机构参与到教学评估中的设想，但由于耗时长、投入大且社会各种评估机构的质量参差不齐，因此一直未能在全国实行。[②]但是，近几年，随着网络监督力量的兴起以及“大数据”和“算法评估”的引入，社会评估机构的专业性不断增强。例如，国内比较权威的“软科”这一评估机构，其对课程和学科数据的监测和发布功能甚至超过部分高校本身。而且，学生、专家对课程质量评估具有天然的价值偏向，而社会评估机构很好地扭转了这一偏向。英、美等国在高等教育的课程质量保障上一直较为领先，大力使用社会评估机构对教学管理进行综合评价，并引入工业质量管理中的ISO9000认证，让社会评价在课程质量评估中更具有权威性和专业性。[③]

---

① 王芳，贾青青，邓慧萍，黄宏伟．研究生课程教学质量评估体系构建初探［J］．学位与研究生教育，2011（01）：53－57.

② 丁云华．美英研究生教育外部质量保障的分析与借鉴［J］．高校教育管理，2012（01）：58－61，66.

③ 梅红，宋晓平．研究生教育外部质量保障体系建设思考［J］．研究生教育研究，2012（06）：13－18.

3. 课程质量评估内容不完备

（1）课程质量评估的定义过于狭窄

现有的课程质量评估研究，对其定义主要概括为依据研究生专业的培养目标规定相应的评估标准，通过信息的收集，对课程教学情况进行综合分析和判断。可以看出，这种定义实质上窄化了课程质量评估的范围。[①]首先，课程教学情况中涉及"教"与"学"两部分，而目前大多数评估只关注教师的"教"。其次，课程质量评估不仅包括课程教学情况，还包括课程建设情况等其他因素。目前，对评估的定义忽视了有关课程编制、修订和开发的评价以及培养方案等因素的评价。再次，把课程质量评估等同于课程教学质量评估。实际上，课程教学只是其中的一部分。最后，缺乏对评估反馈机制的建构，应该认识到"分析"和"判断"只是工具，"反馈"和"改正"才是结果和目的。这些因素都导致课程质量评估在理论上缺乏全面性。

（2）没有重视研究生的个体发展

课程质量评估工作区别于其他工作的评估，被评主体不只是教师本身，还包括研究生个人。而且，具体到课程教学工作中，研究生也不是教学工作的客体，其与教师一样，均为教学工作的主体。目前的课程质量评估中往往没有重视研究生的个体发展，欠缺对研究生基础知识掌握的考虑、发展能力和兴趣建构的调查，同时也没有关注研究生的思想认识和学习态度。课程质量评估应考虑到每一名研究生的个体发展，因为研究生课程质量不单单取决于教师的教学水平，还取决于研究生主动探究知识的精神以及积极向上的学习和科研态度。

（3）评估的内容可实施性不强

通常情况下，课程质量评估的目标只是为了促使课程教学改进、提高教师授课质量，而缺乏实现目标的方案、计划、路径和措施等。[②]此外，也没有明确和细化评估指标的组成和权重比，导致评估的指标体系模糊，无法在实践中比较全面地开展和把握。这使得课程质量评估的设计和方法无法真正实施，形成了"空有一身本领"却无"用武之地"的尴尬局面，影响了高校促进研究生课程质量评估工作开展的积极性，也不利于评估技术手段的完善和提高。

---

① 王欢欢．后现代高校课程评估体系研究［D］．苏州大学，2008．

② 王变云，任志洪．研究生课程质量评估述评与展望［J］．福建教育学院学报，2012（01）：49－52．

四、“双一流”背景下完善我国研究生课程质量评估的建议

通过前文对研究生课程质量及其评估的分析，我们看到了目前制约我国研究生课程质量提高和课程质量评价发展的弊病，这严重影响了“双一流”战略目标下研究生培养质量提高的实现。“双一流”背景下，学科建设的关键应该是课程与科研并重，如果一味地忽视课程质量及其评估建设的提高，将会影响“双一流”学科建设总体方案的验收。笔者试图从完善研究生课程质量评估入手，为课程质量评估的发展得到充分保障提供科学、合理的完善建议，进而使其服务和作用于课程质量乃至整个研究生培养质量的提高，夯实“双一流”建设目标的基础。

（一）发挥“双一流”建设下评估的导向性作用

2020 年 9 月，“双一流”建设的第一轮验收工作正式开始。2021 年 1 月，国务院学位委员会、教育部修订印发《学位授权点合格评估办法》，[①]标志着评估结果将作为教育行政部门检测“双一流”建设的重要内容。评估的重要性再一次被体现出来，它能够全面、科学地检测“双一流”背景下高校的建设成效，而课程质量的建设当然也离不开课程质量的评估。因此，要充分发挥课程质量评估的导向性作用，为“双一流”建设的第一轮验收工作助力，并为第二轮建设的开启积累经验，引导高校对课程的教学和建设等工作进行科学改革。

1. 出台相关评估制度文件，保证评估的规范化和制度化

研究生课程质量评估是一个系统的工程，需要多方面的共同参与，其中在高校内会涉及教师、学生、校内专家和管理层等各个方面的人员，在高校外会涉及校外专家、社会评估机构等方面的人员。因此，需要针对各方面不同的人员出台相应的研究生课程质量评估制度文件加以严格规范。就教师层面而言，各高校可以依据教育部等文件和精神出台如《研究生课程授课教师管理办法》等；就教师、学生、校内专家和管理层等校内层面出台文件，也可以出台如《研究生课程质量评估管理办法》等文件，为课程质量评估的实施提供必要的执行准则。在校外层面，可以针对校外专家出台《研究生课程质量评估校外专家考核办法》，保持参评

---

① 中华人民共和国教育部．国务院学位委员会、教育部关于修订印发《学位授权点合格评估办法》的通知[EB/OL].[2021－01－16]. http://www.moe.gov.cn/srcsite/A22/yjss_xwgl/moe_818/202101/t20210115_509951.html.

校外专家的高水准和公正性。对于社会评估机构，可以借鉴美、英等国的质量管理标准。这些制度文件的出台和执行，将有效保证研究生课程质量评估的规范化和制度化。

2. 明确评估的目的，树立评估的基本原则

研究生课程质量评估一直未受重视，其中很大的原因就是其目的不明确。因此，建议高校要督促研究生院明确评估的目的，并加强相关的宣传，如可以通过“钉钉”“腾讯会议”等网上平台和线下讲座等多种形式定期对评估的目的及重要性向各学院的教师与研究生进行宣讲，使他们充分认识到课程质量评估寻找差距、正视问题、端正态度、以评促教、以评促改、提高质量的目的。只有各层面充分理解到评估的目的及重要性，才能正确对待评估，认真协助完成评估的相关工作。此外，还要树立评估的基本原则，之所以这样做，是因为评估本身涉及面较广、参与者较多、变化性较大，对除指标体系外的其他实施内容进行再细化不太现实。为此可树立导向性原则、全面性原则、客观真实性原则和可操作性原则来指导评估的具体工作。①通过树立以上基本原则，不仅可以保证评估的质量，还能把握评估的变动性，使其虽为动态但始终能处在调控之中。目的是努力方向，原则是正确指引，二者犹如车之两轮、鸟之两翼，共同促使课程质量评估取得更大的进步和拥有更大的提高空间。

3. 对不同学科课程的顶层设计进行分类评估

由于研究生课程相比于本科课程，其专业性更强、学科区分度更高，因此，有必要通过对不同学科课程的顶层设计进行分析，建立相应的学科课程体系，并以不同体系为分类进行系统评估。研究生不同学科课程的顶层设计大致体现在专业必修课和专业选修课等核心课程上，因为其内容更具特色性和前瞻性，如理科课程注重对计算的分析，工科课程注重对实验和数据的模拟和监测，文科课程注重对作品的分析以及案例的启发。这只是不同学科的突出特色，不代表本学科只局限于此。研究生课程就是要充分发挥核心课程的专业性，将其顶层设计作为突破口，依据不同学科的特点，确立其特色以及学科前沿性，从而更好地激发教师与研究生的兴趣和积极性，让课程学习成为探索知识和发展能力的平台，从而平

① 饶叶俊，周鸿．军队高等医学院校课程教学质量评估的方法［J］．中国卫生质量管理，2004（06）：62－63．

衡教学与科研的地位。由此，可以将以上顶层设计落实到不同学科具体的课程设置上，这样就可以让评估更具针对性，课程质量评估的精准性和效率自然会显著提高。

（二）形成完备的课程质量评估体系

随着国家研究生课程改革建设的不断推进，课程质量评估的体系也需适时跟进。目前的评估体系需要重新设计。笔者拟从主体、方式和内容三个方面入手，以内部体系和外部体系两个方面为着力点，从而形成完备的课程质量评估体系。

1. 评估主体多元化

在课程质量评估的问题分析中，我们已经看到了课程质量评估的方法之所以不完善，首要原因就是评估主体方面存在问题，缺少互动和衔接，严重影响了评估的全面性。进入 21 世纪，不管是国内还是国外，课程质量评估所需的主体多元化构建已经成为不可绕转的话题，在具体实践中也无法避免，因此，有必要构建多元化的评估主体。①

首先，需要校内外专家、学生、教师、社会评估机构、管理人员以及院校领导共同参与，环环相扣，保证评估的实施在各方面得到应有的保障，从而获得可靠性。其次，要丰富具体主体项下的评估形态，如学生评教中不仅可以让学生评价老师，还可以开展学生自评、学生互评，让学生对课程中自己的“学”有一个清晰的认识。教师评学中除教师参与到评价学生的活动之外，还可以允许教师进行同行评价、同行“取经”和同行反馈，从而让授课教师在评价他人的同时也丰富自己。最后，就是要解决评估主体之间缺少互动以及评估结果缺乏衔接的问题。为此，可以以季度或学期为单位开展评估经验交流会，让多方主体代表共同参与进来，分享各自的评估方法与经验，保证各方的评估始终同其他主体保持一致性、先进性，而不是“闭门造车”。对可以公开的评估经验可以进行公众号发布和平台交流，方便各方主体查阅和借鉴。针对评估结果缺乏衔接的问题，由于各方主体在评估时使用的指标不同，统一校内外各方的评估指标目前又很难实现，因此高校可以制定具体的换算公式对各方结果进行量化后推导出最终的评估分值。但是，需要注意的是，换算公式需要得到各方共同认可，这样才能保证评

① 孙建侠．研究生课程教学评估相关问题探析［J］．理工高教研究，2008（03）：52－54．

估分值的公平、公正。

2. 评估方式多样化

评估方式和手段的丰富应不拘泥于只为了服务评估本身，最终目的还是要落实到提高研究生课程质量上来。由于课程的开设大多是在校内完成，所以对评估的方式应以校内活动形式为主体，兼具校外和网上等形式。在校内，可以采取培训会等形式，本着提高教师授课质量和方法的目的进行集体宣讲，大力培养年轻教师，为课程教学提供后备军。也可以采取督导制，[①]定时邀请校内外专家对评估指标以及课程建设等问题进行认证，提出完善建议。所有的评估结果最终都会汇集到评估的管理人员项下，因此，要在信息上丰富与管理人员的沟通和交流，将评估的可视化过程和最终的评估分值作为教学事务在宣传栏公开。各级领导也要对评估工作高度重视，形成管理工作检查制，研究生院和各院系教指委要定期对课程建设进行修订和研讨。校外层面，不仅要让社会评估机构的公正检测数据引入校内评估，还要鼓励社会评估机构出台大众媒体排名，利用好网络这一优势平台，让课程质量评估成为高校提升竞争力的又一面旗帜。

3. 评估内容多维化

为了有效应对评估内容变动性较大等问题，各高校可以定期发布并适时更新《研究生课程质量评估内容项目指南》，让评估主体以及被评者有章可循，也让评估内容随动态发展而调整，不至于陷入死板。评估内容依然要以“教”与“学”两个方面作为重点，要将教师的教学过程和学生的学习过程进行全方位的评估，有针对性地设计教师用表、学生用表和调查问卷表。同时，要将课堂交流、课堂小结、期末试卷或其他形式的考试结果以及课程建设、课程质量的管理情况纳入综合评估，[②]保证评估内容的完备性。此外，要注重评估内容的反馈，从评估内容中要切实得看到课程质量所存在的问题和亟须改进的地方，大力促进课程设置的优化，对课程与课程间的衔接、教材的选用、教学条件及环境等内容也要进行评估和改革，努力为研究生营造一个“软实力”与“硬实力”兼具的学习环境和学术氛围，再次彰显评估的目的和价值。

---

① 赵群．构建研究生课程教学质量评估体系的探索［J］．昆明理工大学学报（社会科学版），2006（01）：96－99．

② 罗尧成，谢安邦．论研究生教育课程体系开发的三个理论基础［J］．教育研究，2008（04）：30－35．

（三）强化计算机辅助评估系统

不管是评估内容的专业性，还是评估数量的巨大，都需要繁重的计算量，而这都必须利用计算机进行辅助评估。校外评估体系充分利用大数据和算法，有其独特的、先进的计算机辅助评估系统，在此不再赘述。而高校内部，自 21 世纪初起，计算机辅助评估引入高校后一直都未真正发挥其独特的分析作用，只是简单整合数据的评估工具，因此，完善研究生课程质量评估也应着眼于强化计算机辅助评估系统。

1. 适时调整评估指标的系数和评估公式

各高校早在利用计算机 VB 系统进行课程质量评估时，就已确定好各自评估指标的系数和评估公式，但是却缺乏动态调整，无法满足课程质量评估变动性大的特点。如：在课程教学中，目前高校通行的其项下的二级指标有四个，即教学态度、教学内容、教学方法和教学效果。大部分高校将教学内容和教学效果的权重分配得更高一些，因为其可以更直观地反映结果，也比教学态度和教学方法更容易把握。高校一般会将教学内容和教学效果的系数均设置在 0.3 及以上，[①]但在笔者看来，这种做法虽然易于把握，但是不具有科学性，也很难发现评估后所存在的问题。

一方面，我们应该明白，教学态度、教学内容、教学方法和教学效果这四项内容在重要程度上是相当的，只是在不同时期、不同阶段才会将某一项指标系数升高或降低。例如，高校在某一阶段突出对“教学方法”的评比和反馈，我们就可以适当提高其系数。再如，某一阶段的评估结果普遍反映对教师的教学态度评价不好，我们就可以定期内将“教学态度”评估作为重点，适当提高其系数，从而督促教师提高授课积极性。另一方面，在调整评估公式时，要充分考虑到一些定性指标。传统的计算机辅助评估中，评估公式只填入定量指标的参数，定性指标几乎被忽略。因此，建议将定性指标以一定标准进行二次量化，[②]将其融入评估公式中，这样产出的数值才更具全面性和科学性。

2. 构建样本数据库，实行分类汇总

计算机评估系统虽然只起辅助作用，但是我们不能简单地把它当作像“计算

---

① 王芳，贾青青，邓慧萍，黄宏伟．研究生课程教学质量评估体系构建初探［J］．学位与研究生教育，2011（01）：53－57．

② 黄楠．高等院校研究生课程质量评估方法研究［D］．中国人民解放军国防科学技术大学，2002．

器”一样的工具来使用，更应充分发挥其独特的技术手段。对于每一季度或每一学期的评估结果要在计算机系统中详细保存，构建涉及每一项评估指标的样本数据库。并且，要组织专门人员对涉及课程质量评估的所有要素加以分类汇总，[①]形成每项要素定期内的评估报告。此后，将最新的评估数据与样本数据库中的评估报告进行对比，就能更快地找到某项指标最新的发展状况以及存在的问题，进而“对症下药”，体现课程质量评估的效率和可实施性。

3. 重新编排课程质量评估指标体系

评估指标体系不同于评估体系，对于某些影响因素必须将其量化为指标才可使用。从高校的学生期末评教用表中可以普遍看出，传统的课程质量评估指标体系几乎被“四教学”，即教学态度、教学内容、教学方式和教学效果所占据。这样的设置不仅略显单薄，并且已经不合时宜，严重与“教学相长”模式相违背，建议重新编排课程质量评估指标体系。具体可将课程建设与课程教学并列为一级指标，课程建设项下设师资队伍、教学条件及资源等二级指标，课程教学项下除传统的“四教学”这四个二级指标之外，还可以适时引入“教学秩序”等二级指标。此外，在教学效果这一二级指标中，要充分考虑到研究生运用知识和创新能力培养等因素，将其纳入教学效果的子指标中。总之，重新编排指标体系要体现符合动态调整的变动性原则和全面性原则，也要控制新设指标的数量，把握好评估的可操作性原则。

（四）重视评估结果分析，形成监督和反馈机制

不管是人为评估还是计算机辅助评估，最终都会得到直观、清晰的评估结果。以往的做法是在评估产生结果后，将评估结果直接提取，然后形成最终报表，供管理人员查看。而在“双一流”建设背景下，对于课程质量评估的结果也提出了新的要求，要重视对评估结果的分析，要求高校与“自身的过去”找差距，与“优质课程高校”找差距。在前述第二章，我们也提到了课程质量评估的监督和反馈作用。而在“双一流”工作开展得如火如荼的背景下，要想提高研究生培养质量，更应该让评估的监督和反馈作用形成机制，成为一项常态化工作。[②]

---

① 孙建侠．研究生课程教学评估相关问题探析［J］．理工高教研究，2008（03）：52－54．

② 黄明福，王军政，肖文英，唐胜景．“双一流”背景下的研究生教育体系化建设——以北京理工大学“666 工程”为例［J］．学位与研究生教育，2018（02）：11－16．

1. 重视课程质量评估结果的全面分析

从性质上讲，对任何一种客体进行评估都会涉及形成性与终结性这两种形态的评价。虽然目前高校在进行课程质量评估时，已经将二者都呈现出来，但是始终未能将二者结合起来进行全面分析。在进行评估时，总是为了便于收集和分析而有失偏颇，只顾及量化方面的指标设置、评估与结果的分析和回收，而忽视了质性方面的发展，造成评估结果分析起来极为不全面。在笔者看来，形成性评价对研究生课程质量提高有着独特的意义，而高校在评估时总是将其“冷落”。一方面，形成性评价能为后续工作的改进和完善开辟一个“绿色通道”，因为其不仅能拓宽评估设计者的“想之所想”，还能发掘评估主体的“感之所感”，让评估结果有了真正值得分析的“实在意义”。另一方面，它能够基于对课程质量全过程的持续观察、记录和反馈而做出发展性的评价，[①]提升被评者的积极性，在评估中培养合作精神，将评估工作得到最大落实。重视课程质量评估的全面分析，让形成性评价与终结性评价相结合，才能让研究生课程质量中的“质”与“量”有更好的平衡与把握。

2. 强化评估的监督作用，引入奖惩模式，形成竞争氛围

强化评估的监督作用，就是要让监督成为评估中的一项常态化工作，形成自己应有的机制。完成评估后，大部分高校的监督作用所能触及的只是告诉教师“需要改进”，而至于“为什么改进”“如何改进”“改进到什么程度”均无涉及。在监督机制的引导下，评估相关人员不仅要将评估的最终结果反馈给教师，还应形成分析报告，为教师改进课程质量提供方向和指导，然后再通过教师的自我反省，形成完整的改进计划。此外，要对教学质量评估表现优秀的教师在高校公众媒体平台进行宣传，予以书面或口头褒奖；[②]而对那些评估结果不尽如人意的教师，可以采取半公开方式进行自我批评或惩戒，将评估结果与教师薪酬、职称等直接挂钩，定会形成狠抓课程质量的竞争氛围，研究生课程质量又何愁不能提高呢？

---

① 杨俊波. 发展性课程评价体系的构建[J]. 安徽工业大学学报（社会科学版），2005(02)：102－103.

② 郭正祥. 建立研究生课程教学评价体系与激励机制的构想[J]. 长沙铁道学院学报（社会科学版），2002（04）：133－134.

3. 促成反馈的全面化，构建师生双向反馈机制

旧有的课程质量评估总是让专家和学生占据评估主体，最终的评估结果只会反馈给被评者——教师。而在新的课程质量评估体系下，已经引入教师作为评估主体，各方在评估的地位上也均是平等的，因此要把评估结果反馈给教师、学生、管理人员及社会大众等各个层面。在教师和学生层面，还要构建好师生双向反馈机制，即不仅对教师教学水平进行反馈，还要对研究生的“研究性”进行反馈。这样做有利于充分发挥评估的导向性作用和激励作用，让学生明确自己的差距，增强其积极探寻学习和研究方法的积极性，从而提高研究生的创新能力和科研能力，也让评估不再拘泥于课程评定，而渗透进了“研究成分”，[①]从而在总体上形成一种师生双向互动的良性学术氛围。

① 宋卓斐，冯运莉，李杰，万德成．课堂教学中研究生创新能力的培养 存在问题及对策［J］．教育教学论坛，2014（24）：93－94．